Journal of Japanese Legal Studies

日本法研究

第7卷

2021

李成玲　主编

延邊大學出版社

图书在版编目（CIP）数据

日本法研究. 第7卷 / 李成玲主编. -- 延吉 : 延边
大学出版社, 2021.11
ISBN 978-7-230-02525-6

Ⅰ.①日…Ⅱ.①李…Ⅲ.①法学－研究－日本
Ⅳ.①D931.3

中国版本图书馆CIP数据核字（2021）第236380号

日本法研究 第7卷

主　　编：李成玲
责任编辑：高　红
封面设计：吴伟强
出版发行：延边大学出版社
地　　址：吉林省延吉市公园路977号　　邮　　编：133002
网　　址：http://www.ydcbs.com　　E-mail：ydcbs@ydcbs.com
电　　话：0433-2732435　　　　　传　　真：0433-2732434
印　　刷：英格拉姆印刷(固安)有限公司
开　　本：787毫米×1092毫米　1/16
字　　数：220千字
印　　张：12
版　　次：2021年11月第1版
印　　次：2022年1月第1次印刷
书　　号：ISBN 978-7-230-02525-6

定　　价：52.00元

编辑委员会

编委会主任
牟宪魁

编委会成员
（以姓氏笔画为序）
于宪会　牟宪魁　李成玲　肖盼晴

本期主编
李成玲

本期执行编辑
（以姓氏笔画为序）
李昊然　段皓文

编辑协力
《早稻田法学》编辑委员会

后援机构
早稻田大学法学会

目 录
CONTENTS

CONTENTS

Articles

Case Law

New Legislation

Research Overview

专题研究

ARTICLES

上市公司私有化交易规则的法律移植与本土实践

——日本的经验和启示

李胡兴[①]

一、背景与问题

2014年，中国证券监督管理委员会发布《关于改革完善并严格实施上市公司退市制度的若干意见》后，学界产生了一系列有关主动退市制度的研究。[②]这些研究重点关注了受特拉华州判例法影响的美国私有化交易规则的功能及其运行逻辑。相关特拉华州判例法的精要在于强调程序性措施的价值，鼓励目标公司积极采用"双重清洁机制"以拟制独立当事人交易，预防和避免利益冲突的不良影响，从而保障中小股东的利益。与之相配合，特拉华州法院会对有效实施了"双重清洁机制"的目标公司的董事提供"商业判断原则"的保护。我国研究者赞同程序性措施的价值，并就程序性措施

① 李胡兴，东京大学法学博士，北京大学法学院博士后研究人员。笔者在此感谢国家留学基金委"建设高水平大学公派研究生项目"的支持。

② 参见郭雳：《上市公司私有化交易的审查标准与利益平衡——主动退市的境外经验与启示》，载《证券法苑》2014年第12卷；郑人玮、刘晶：《我国上市公司私有化过程中的小股东权益保护》，载《金融服务法评论》第7卷；李文莉：《上市公司私有化的监管逻辑与路径选择》，载《中国法学》2016年第1期。2014年之前的研究参见颜炳杰：《美国上市公司私有化相关法律问题》，载《北大法律评论》2008年第9卷。

如何被纳入事前规则提出了诸多建议。不过，形式上具备多种程序性保障措施并不意味着可以有效发挥功能。"好"的法律规则需要有效的法律执行来保障。然而，现有研究对法律实施的讨论十分有限，这可能源于现实中有关私有化交易的法律执行案例尚十分有限。但是，在"注册制""严监管"等多重政策背景下，私有化交易可能在一定条件下成规模出现。因此，我们有必要对法律执行问题进行前瞻性的思考。

在关于法律执行的现有讨论中，有学者针对公共执行提出了充分结合我国证券监管体制的建议。[1]但是，关于私人执行的讨论停留在抽象建议"明确控股股东或实际控制人对交易公平性的证明责任，确立举证责任倒置规则"[2]的层面上，没有充分考虑到我国公司诉讼制度与美国公司诉讼制度的差异，有简单套用特拉华州法之嫌。

我国公司诉讼与特拉华州公司诉讼的重要差异之一是，特拉华州法院在审查董事或控股股东是否违反信义义务时，演绎出了商业判断原则、完全公平标准及合理性标准等多种审查标准。特拉华州法院能够根据案情特点灵活选择合适的审查标准，并相应分配证明责任。这种灵活的机制既有利于实现个案的正义，也有助于对潜在的当事人形成制度激励。我国公司法和民事诉讼法不具备这两方面的特点，因此，难以完全照搬美国的实践成果。

在这一问题上，日本法的实践为我们提供了有益的观察样本。首先，日本与我国具有类似的公司法制度和民事诉讼制度。例如，与特拉华州判例法不同，日本判例法理中的"商业判断原则"不具有影响审查标准的功能。日本民事诉讼法立足于实体法对法律要件的规定，来分配证明责任，除了实体法明确规定举证责任倒置的情形外，董事责任案件中的原告股东对绝大部分法律要件对应的要件事实负有证明责任。更为重要的是，日本已经经历了借鉴特拉华州

---

① 参见沈朝晖：《上市公司私有化退市的"安全港"制度研究》，载《法学家》2018年第4期。

② 参见臧俊恒、黄慧颖：《上市公司主动退市中监管逻辑与路径选择——以交易公平性与投资者补偿为视角》，载《证券法苑》2017年第4期，237页。

判例法并反思本土化实践的完整周期，其间积累了包括最高法院判例在内的相当数量的审判经验。这些素材对我们思考私有化交易、以及一般意义上的重大利益冲突交易在中国法下的司法审查，尤其具有参考价值。

本文重点关注2000年至2019年间日本市场的发展和制度变迁。从2000年起，日本市场开始频现管理层收购形式的私有化交易。管理层收购的核心特征是其构造具有利益冲突性，因此，亟需一套有关公平性的行为标准。但是，当时的制定法不足以回应这种新型交易形式。当时的公司法主要供给的是涉及交易架构的制度，证券法和上市规则规范的是信息披露事项，涉及当事人的行为规范仅限于公司法中抽象的善管注意义务。2007年，日本经济产业省作为主管经济事务的中央政府部门，组织专家制定了《关于提升企业价值和确保程序公正的管理层收购（MBO）指引》（以下简称《MBO指引》）[1]，以软法规范弥补了制度供给的不足。《MBO指引》借鉴了特拉华州判例法影响下形成的美国私有化交易实践经验，其在理念上强调通过设计公平的谈判和交易程序以保障交易最终的公平性。遗憾的是，日本法院在2007年审理Rex公司评估权案时，尽管参考了《MBO指引》，但是其审理思路仍聚焦于交易对价公正性本身。Rex公司评估权案是第一例因私有化交易引发的民事纠纷案件，其先例性导致该案的审理思路延续了十余年。2016年，最高法院在审理JCOM公司评估权案时，聚焦于谈判程序和交易架构的公正性，明确指出案涉交易采取了"通常认为公正的程序"，法院在原则上应当尊重业已形成的交易条件。该案改变了Rex公司评估权案以来沿袭的审查路径，有关私有化交易中公平价格认定方法的争议基本尘埃落定。此后，日本经济产业省再次积极介入，结合2007年之后十余年的实践经验完善《MBO指引》，并于2019年发布了《关于公正并购交易的指引——为实现企业价值提升和股东利益保护》（以下

---

[1] 経済産業省「企業価値の向上及び公正な手続確保のための経営者による企業買収（MBO）に関する指針」（2007年）。

简称《公平并购指引》）①，开启了新一轮的制度实践。

接下来，本文将分四个部分展开论述：第一部分概述日本市场上私有化交易的法律架构和规范来源。第二部分首先归纳《MBO指引》的核心内容；其次，结合2007—2016年间的重要司法案例，梳理日本法院在评估权案和董事责任案中的审理逻辑；最后，归纳司法实践的特点并探讨背后的原因。第三部分梳理了《公平并购指引》的主要内容，分析其相较于《MBO指引》和JCOM公司评估权案的完善之处，同时讨论其相较于特拉华州判例法的本土化特点。第四部分结合日本法的经验，对如何完善中国法律中的相关制度及如何实施司法审查提出政策建议。

二、日本市场私有化交易的法律架构

一般而言，私有化交易架构分为一步模式和两步模式。一步模式通常是目标公司大股东利用公司法规定的合并制度并购目标公司；两步模式是指目标公司管理层或大股东实施要约收购后利用相关制度挤出剩余股东。受到税法的影响，以管理层收购为代表的两步模式是日本市场中最为常见的私有化方式。选择何种方式挤出余股是影响交易成本的重要方面，日本公司法中有多种制度可供选用（参见表1）。2014年之前，市场普遍采用的制度是附带全部回购条款类别股。该制度虽然程序烦琐，但是在税收方面相较于合并或换股更为优惠，股东权利保护机制相较于股份合并机制更为完善。不过，2014年修订后的公司法改变了制度间的比较优势。一方面，新法在股份合并制度中增加了异议股东回购请求权以及申请法院评估的权利，消除了其与附带全部回购条款类别股制度在股东利益保护方面的差异；另一方面，新法为"特别控股股东"②创设了可不经股东大

①　経済産業省「公正なM&Aの在り方に関する指針—企業価値の向上と株主利益の確保に向けて—」（2019年）。

②　日本公司法第179条第1款规定，"特别控股股东"是指，自身及其全资子公司合计持有被收购公司90%以上股份的股东。

会决议程序强制收购余股的权利。[①]

　　本文讨论的案涉交易均发生在2014年之前，因此，均采用了附带全部回购条款类别股制度挤出余股。全部回购条款是日本公司法规定的九种可以设定类别股份的事项之一。该条款赋予公司一项权利，即经股东大会特别决议批准后，公司可以强制回购所有该类股份。为达到挤出剩余股东的效果，公司通常会召开临时股东大会审议三项议案。1号议案请求修改公司章程，允许公司在普通股以外发行类别股。在1号议案的基础上，2号议案请求修改公司章程，给普通股附带全部回购条款，并约定公司强制回购该类别股的对价内容、计算方法、取得日等法定事项。3号议案提请临时股东大会审议是否批准公司行使强制回购的权利。2号议案除须提请临时股东大会审议外，还须经普通股股东组成的临时类别股东大会的特别决议。2号议案既可以直接约定强制回购的对价为现金，也可以约定一股普通股（或其他类别股）兑换$\frac{1}{N}$股（N>1）附带全部回购条款类别股。N通常会足够大，以至于所有剩余股东持有普通股（或其他类别股）的数量不足一股。日本公司法规定，向附带全部回购条款类别股股东交付的股份不足一股的部分应当交付等值的现金。通过制造零碎股的方式，所有剩余股东都会因领受现金对价而丧失股东资格。日本公司法第116条规定，反对强制回购的适格股东可以申请法院评估强制回购价格是否为"公正价格"。

　　2007年的Rex公司评估权案是日本法院审理的第一例因私有化交易引发的民事纠纷案件。结合2007年至2019年间的公开裁判文书来看，仅有一例案件的当事人选择追究董事的损害赔偿责任。绝大多数当事人寻求救济的途径是选择申请法院评估公司强制回购价格是否公允，因此，评估权纠纷成为日本法院介入管理层收购案件的主要途径。《MBO指引》中来自法律移植的规则如何本土化的过程也集中体现在评估权纠纷中。

---

　　① 这次修法后，如果某股东已取得目标公司90%以上股份，则可行使"特别控股股东"享有的余股出售请求权挤出余股；如果该股东持股不足90%，通常会优先使用股份合并制度挤出余股。

表 1　余股强制挤出制度[①]

	直接转让型	零碎股处理型
须股东大会决议	合并或者换股	（1）股份合并 （2）附带全部回购条款类别股
无须股东大会决议	（1）简式合并或者简式换股 （2）"特别控股股东"余股强制购买权	

三、《MBO指引》从纸面进入现实：2007—2016年的司法实践

（一）《MBO指引》

《MBO指引》的核心内容是两项原则和三类措施。原则一是"提升企业价值"，即管理层收购是否有助于提升企业价值，是判断其是否具有合理性的标准；原则二是"程序公正"，即应当通过公正的程序来保障股东利益。两项原则分别对应了目标公司的股东对管理层收购可能产生的两种担忧：第一，管理层收购本身是否有损企业价值；第二，即便不损害企业价值，管理层是否压低了收购价格进而损害了股东利益。

之所以强调通过公正的程序来保障股东利益，一方面是因为管理层收购成功与否，取决于是否有足够数量的股东接受对价并转让股份，也即取决于股东对要约收购条件的判断，而非有关对价等条件的客观标准；另一方面是因为在实践中难以确立统一标准判断对价的公平性。《MBO指引》指出，尽管可以在概念层面将"MBO实现的价值"区分为（a）不实施MBO便无法实现的价值，以及（b）不实施MBO也可能实现的价值，但是，"MBO实现的价值＝（a）＋（b）"这一公式不能直接推导出适用于个案的定价方法，也无法就如何在股东和管理层之间分配（a）提供客观统一的标准。[②]

---

① 表1引自森·濱田松本法律事务所编『M&A法大系』（有斐閣、2015年）495頁。

② 経済産業省「企業価値の向上及び公正な手続確保のための経営者による企業買収（MBO）に関する指針」（2007年）7-9頁。

接着，《MBO指引》就如何保障程序公正给出了三方面建议。建议一是保障股东有机会作出知情判断。首先，管理层应当向股东充分披露有关信息，如收购的谈判过程、管理层与收购方之间的关联关系等。如果市场质疑管理层故意压低股价以降低交易成本，管理层应当说明相关收购的背景和目的。然后，应当避免要约收购完成后的安排（如余股挤出）干扰股东在要约收购阶段的自由判断。如采用两步式收购，《MBO指引》建议被收购公司在第二步交易中选择能够确保剩余股东享有异议股东回购请求权的余股强制挤出机制，并在信息披露文件中明确提示挤出交易的对价将采用要约收购价格。[①]

建议二是消除公司决策过程中可能存在的偏私。对此，被收购公司可以根据个案的具体情况灵活组合四项措施：委托外部董事、外部监事或特别委员会提供咨询意见或参与谈判并尊重其判断；取得董事以及监事的一致同意；聘请独立的法律顾问和财务顾问出具意见，并披露前述主体的名称；聘请外部机构出具估值报告。[②]

建议三是为竞争要约的出现提供所需的客观环境。对此，《MBO指引》建议交易设定相对较长的收购期限，以及收购方与被收购公司的事前协议不应过分限制竞争要约人与被收购公司接触。[③]

《MBO指引》指出，鉴于管理层收购最终能否完成取决于股东的判断，所有管理层收购均应采纳建议一。在此基础上，当事人可以根据个案的透明度和合理性灵活组合使用建议二和建议三。[④]

（二）"公正价格"审查方式的演变：从"分别评价"到"整体评价"

尽管《MBO指引》在原则上已经强调了程序性措施对于公正性

---

① 経済産業省「企業価値の向上及び公正な手続確保のための経営者による企業買収（MBO）に関する指針」（2007年）12-13頁。
② 同上，14頁。
③ 同上，16-17頁。
④ 同上，19-20頁。

的价值，但是这一理念没能立刻体现在法院的审理实践中。在管理层收购引发的评估权案中，法院评价"公正价格"的分析框架经历了从"分别评价"到"整体评价"的转变，与此相伴的是从侧重价格的公允性本身向侧重谈判过程的公正性的范式转换。这种转变缘何发生，值得我们研究。在此之前，需重点介绍Rex公司评估权案和JCOM公司评估权案，这两个案件是由最高法院经手的，是依次确立"分别评价"和"整体评价"分析框架的案件。

Rex公司评估权案的基本案情是，公司创始人兼代表董事与外部投资基金达成协议，由投资基金方实施私有化交易。首先，投资基金以每股23万日元的价格向Rex公司的股东发出全面要约。收购完成时，投资基金方合计持有Rex公司91.51%的股份。其后，Rex公司利用附带全面回购条款类别股，以前述收购价格强制回购剩余股东的持股。

本案从一审一直打到三审。在三审中，最高法院仅以二审裁定未超出法院裁量权为由，裁定维持二审裁定。[①]二审法院受到《MBO指引》在概念层面将"MBO实现的价值"分为两部分的影响，将"公正价格"切割为"回购日该股份的客观价值"和股东"因公司强制回购股份而丧失的预期增值收益"，并分别评价。[②]对于"回购日该股份的客观价值"，二审法院认定为要约收购公告日前6个月收盘价的简单算数平均值28万805日元。对于股东"因公司强制回购股份而丧失的预期增值收益"，二审法院认为应当"根据该企业的经营计划预测未来的盈利能力和业绩"来认定。不过，鉴于Rex公司拒绝提交估值报告的计算细节和经营计划，法院不得不参考可比交易，由此认定"因公司强制回购股份而丧失的预期增值收益"相当于"取得日该股份的客观价值"的20%。最高法院并未实质审理"公正价格"问题，使得二审法院采用的"分别评价"分析框架以及侧重交易价格公允性的理念对此后下级法院的实践产生了长久的

---

① 最高裁判所决定2009年5月29日金融商事判例1326号35頁。
② 東京高等裁判所决定2008年9月12日金融商事判例1301号28頁。

影响（参见表 2）。

2016年的JCOM公司评估权案使最高法院再次有机会审理私有化交易中的公正价格问题。本案的基本案情是，JCOM公司的两大股东（合计持股超过70%）实施要约收购后，通过公司发行并强制回购附带全部回购条款类别股。最高法院指出，在先后实施要约收购和余股挤出的交易中，如果目标公司采取了"通常认为公正的程序"，那么可以推定余股挤出价格是公正价格，"除非存在特殊情形足以证明上述交易的基础事实发生了未预料到的变化"。"通常认为公正的程序"包括：（1）以咨询特别委员会或外部专家的方式消除内部人与非关联股东间的利益冲突可能对决策过程造成的不良影响；（2）目标公司明确声明将以要约收购价格回购剩余股份等。①

前述判例法理意味着，目标公司维护交易程序公正的事实，可以产生限缩法院在认定公正价格问题上的裁量权的法律效果。第一，是否实施（2）会影响到法院认定何时是公正价格的基准日。实施（2）意味着要约收购和其后的余股挤出行为可以被视作一个交易，要约收购的公告日是判断余股挤出价格是否公平的基准日。法院不得以要约收购完成后的股价变化为由，要求重新评估公平价格。如果未实施（2），则余股挤出行为构成独立的交易，此时，余股挤出行为的生效日是认定公正价格的基准日。第二，在具备（2）的前提下，如果公司实施了（1），则应当推定要约收购价格是公平的余股挤出价格；只有在不具备（1）的时候，法院才有权重新评估公正价格。②至此，Rex公司案以来有关私有化交易中公正价格认定方法的

---

① 最高裁判所决定2016年7月1日民集70卷6号1445页。本案合议庭成员小池裕法官在本案裁定后附上了补充意见。该意见指出，诉讼资料显示，多数小股东及股票市场均乐于接受本案要约收购价格，以此可以证明"没有特定事实足以认定上述交易的基础事实发生了未预料的情况"。

② 藤田友敬「公開買付前置型キャッシュアウトにおける公正な対価——最決平28・7・1と公開買付後の市場動向を勘案した『補正』の可否」資料版商事法務388号（2016年）55頁注30。

争议基本尘埃落定。[1]

表2　2007—2016年日本私有化交易纠纷一览（评估权案件）[2]

序号	目标公司	交易架构	"公正价格"审查方式	终审裁判信息
1	Rex	管理层TOB+附带全部回购条款类别股	分别评价	最高裁判所决定2009年5月29日金融商事判例1326号35页
2	Sunstar	管理层TOB+附带全部回购条款类别股	分别评价	大阪高等裁判所决定2009年9月1日判例TIMES1316号219页
3	Open Loop	管理层TOB+附带全部回购条款类别股	分别评价	札幌高等裁判所决定2010年9月16日金融商事判例1353号58页
4	Cybird	管理层TOB+附带全部回购条款类别股	分别评价	东京高等裁判所决定2010年10月27日资料版商事法务322号174页
5	Culture Convenience Club	管理层TOB+附带全部回购条款类别股	分别评价	大阪地方裁判所决定2012年4月13日金融商事判例1391号52页
6	Goodman Japan	控股股东以附带全部回购条款类别股挤出余股	分别评价	东京地方裁判所决定2013年7月31日资料版商事法务358号148页
7	Horipro	管理层TOB+附带全部回购条款类别股	分别评价	东京高等裁判所决定2013年10月8日金融商事判例1429号56页
8	Ace Koeki	管理层TOB+附带全部回购条款类别股	分别评价	东京地方裁判所决定2013年11月6日金融商事判例1431号52页
9	Cerebrix	管理层TOB+附带全部回购条款类别股	分别评价	东京高等裁判所决定2013年11月8日平成25年（RA）第2051号
10	东宝不动产	控股股东TOB+附带全部回购条款类别股	整体评价	东京高等裁判所决定2016年3月28日金融法务情2043号78页
11	JCOM	控股股东TOB+附带全部回购条款类别股	整体评价	最高裁判所决定2016年7月1日民集70卷6号1445页

① JCOM案裁定没有回应一种特殊情形，即控股股东收购公司的交易满足了《公平并购指引》中规定的程序要求，但未提交给非关联股东表决。参见藤田友敬「『公正なM&Aの在り方に関する指針』に関する意義」商事法務2209号（2019年）11-12頁。

② 表2系笔者使用Westlaw Japan数据库所得案例而整理。

（三）"公正价值转移义务"的提出

除了申请法院评估公正价格外，请求董事承担赔偿责任也是私有化交易中股东寻求救济的主要途径。[①] 与数量多、审级高的评估权纠纷案件不同，目前为止，由私有化交易引发的董事责任案件（股东代表诉讼除外[②]）只有前述Rex公司私有化交易引发的损害赔偿请求案，且未上诉至最高法院。不过，该案二审判决的实践影响和学术意义不容忽视。下文先从基本案情说起。

因Rex公司私有化交易"被迫离开"公司的百余名原股东认为，公司开出的要约收购价格有失公允，请求被告董事承担损害赔偿责任。需要说明的是，日本公司法规定的董事承担善管注意义务的对象是公司，因此，本案原告依据的请求权基础并非规定董事对公司责任的第423条第1款，而是规定董事对第三人责任的第429条第1款。第429条第1款的性质是法定责任，与侵权责任存在竞合关系。该条款规定，原告需证明以下四个构成要件：（1）董事履行职务违反对公司负有的善管注意义务（学说上通常将其简称为"任务懈怠"）；（2）董事对任务懈怠存在恶意或重大过失；（3）第三人遭受损害；（4）第三人的损害与董事的任务懈怠之间存在相当因果关系。要件（3）所谓的损害不仅包括董事"任务懈怠"致使公司蒙损，进而使第三人遭受损害（间接损害），也包含直接致使第三人遭受损害（直接损害）。在间接损害的场景下，第三人通常是指公司的债权人；在直

---

① 与特拉华州判例法不同，在日本，控股股东因私有化交易被追责的风险很小。首先，日本公司法未明确规定控股股东是否对公司或小股东负有信义义务；其次，即便法院认为控股股东构成"事实上的董事"，并且类推适用公司法第429条第1款（董事对第三人责任），从而认定控股股东对股东承担责任，这类案件也仅限于中小企业。参见江頭憲治郎『株式会社法』（有斐閣、2015年）507頁。

② 截至笔者撰稿时，私有化交易引发的股东代表诉讼仅限Charle公司股东代表诉讼案一例，参见大阪高等裁判所判決2015年10月29日判例時報2285号117頁。股东代表诉讼赔偿的对象是目标公司，而不是非关联股东，因此，该案不在本文的讨论范围内。

接损害的场景下，第三人还包含公司股东。①

　　二审法院认为，在管理层收购中，董事应当确保收购价格合理反映企业价值，使企业价值在股东间得以公平分配。法院的逻辑是：首先，股份公司的营利法人属性意味着"公司的利益最终是作为公司所有者的股东的共同利益"，因此，董事的善管注意义务不仅是为实现公司的利益，也是为实现"股东的共同利益"。其次，管理层收购中的"股东的共同利益"表现为"董事（以及相关的投资基金）以反映企业价值的公正价格收购公司，股东由此公平地分得包含MBO实现的价值在内的企业价值"。据此，二审法院创造性地将善管注意义务在本案中的具体内容提炼为"公正价值转移义务"。②最后，二审法院着重审查了收购价格定价依据的合理性。例如，Rex公司聘请的评估机构的中立性、该机构出具的估值报告和公允性意见。法院认为，没有充分证据否定估值报告内容的客观性和合理性，因此，被告董事并未违反"公正价值转移义务"。

　　尽管本案二审判决没有基于程序公正性的视角审查董事行为，但是，提出"公正价值转移义务"本身具有重要意义。公正价值转移义务将董事义务的对象从公司扩张至少数股东，为少数股东通过追究董事责任获得救济消除了法律障碍。董事在现金挤出交易中负有确保少数股东获得公正对价的义务不仅成为学界多数说，也反映在了2014年日本修改公司法时引入的"特别控股股东"余股强制购买权制度中。该制度规定，"特别控股股东"经公司董事会批准收购条件后可以强制取得剩余股东的持股。

（四）《MBO指引》背景下司法实践的特点与原因分析

　　日本法院在2007年至2016年间的司法实践具有以下几个特点：第一，从案件类型来看，评估权案件远多于董事责任案件。这点印

---

① 根据通说和判例的立场，本条规定的责任属于法定责任，与侵权责任存在竞合关系。参见最高裁判所判决决定1969年11月26日民集23卷11号2150页，以及神田秀树『会社法（第18版）』（弘文堂、2016年）265页。

② 東京高等裁判所判决决定2013年4月17日判例時報2190号96页。

证了著名公司法学者神田秀树（KANDA Hideki）教授的论断，在日本，异议股东评估权制度在利益冲突型并购交易中发挥了类似董事忠实义务中保护股东利益的功能。

第二，发挥制度激励的案件类型与美国不同。董事（以及控股股东）责任案件中，特拉华州法院通过提供更有利于董事的审查标准和证明责任分配方案来激励董事，采取"双重清洁机制"以保护中小股东的利益。在评估权案件中，特拉华州法院倾向于避免提供明确的行为指引和激励。①日本的司法实践与特拉华州判例法正相反。日本法院在评估权案中发展出了"通常认为公正的程序"的法理，以限缩法院裁量权的效果激励交易当事人积极采取保障交易公正的程序性措施。有两方面的因素可以解释这种差异。

其一，股东能够主张董事责任的前提条件是，董事对股东直接负有义务。不同法域的公司法对此问题持不同态度，进而影响了股东向董事请求损害赔偿的难易程度。尽管形式上董事承担信义义务的对象是公司，但是，股东利益最大化原则渗透到了美国公司法的价值当中，因此，私有化交易中的股东主张董事直接对自己承担责任并无障碍。不同的是，股东利益最大化原则应当贯彻到何种程度，在日本存在争议。在制定法仅明确规定董事对公司承担善管注意义务的情况下，如何通过法律解释、法律续造来判断董事对股东是否直接承担义务，有赖于法官的学识和胆识。在评估权案件中，原告股东和法官均可以避开这个理论和实践争议。其二，在日本，董事

_____

① 例如，在DFC v. Muirfield Value案中，DFC公司主张，法院在认定公正价格时，如果公司实施的交易流程具备"独立当事人交易特点、竞争性和公正性"，该交易形成的价格应当得到"相当的尊重"。特拉华州最高法院基于以下理由驳回了该主张：第一，该主张与规定评估权制度的特拉华州普通公司法第262条h款文义相冲突。该条款赋予法院广泛的裁量权，在认定公正价格时，考虑诉讼资料包含的"所有相关因素"。但是，DFC公司的主张意味着，当案涉交易满足一定的条件时，特定因素比其他因素具有更强的相关性。第二，法院没有能力提供普遍性的规则来明确推定交易价格构成公正价格的前提条件。第三，没有必要提供DFC公司主张的推定规则。现有案例显示，衡平法院结合诉讼资料的所有信息足以认为现实的交易价格是公正价格时，确实会赋予该交易价格绝对的权重。DFC Global Corp. v. Muirfield Value Partners, L.P., 172 A.3d 346, 363，366（Del. 2016）.

责任案件与评估权案件适用不同的民事程序，不同的程序制约并塑造了法官的能动性在不同案由间的差异。董事责任案件适用诉讼程序，证明责任的分配立足于实体法对法律要件的规定。评估权案件适用非讼程序，法院可以依职权收集证据[①]，对裁判内容也享有广泛的裁量空间。因此，法院具备了根据案件特点（如案涉交易的利益冲突程度）调整司法审查界限的制度条件。

第三，"公正价格"问题的分析框架从"分别评价"转变为"整体评价"跨越了十年，足见《MBO指引》从纸面进入现实过程的艰难。这种艰难的转变反映出，对制度间互补关系关注的不足，可能影响一国借鉴他国制度的效果；反过来，具备互补性的制度时，借鉴的效果就会显现出来。

具体而言，《MBO指引》借鉴特拉华州判例法，建议目标公司组建特别委员会以消除公司内部人的利益冲突对谈判过程的影响。发挥特别委员会制度功能的前提是公司的治理架构中存在独立董事制度。然而，争讼当时的公司法和交易所上市规程均没有相关条款强制要求上市公司聘请独立董事发挥监督职能。因此，包括Rex公司在内的绝大多数上市公司在内部治理中采用的监督机关是股东大会选举出的监事会。董事会中没有独立董事，遑论组建特别委员会，法院也缺乏可供审查程序公正性的素材。[②]

Rex案二审裁定引发的广泛讨论（包括《MBO指引》）促使被收购公司董事开始利用程序性措施保障非关联股东的利益。据统计，对比Rex公司案二审裁定生效（2008年9月）之前和之后的要约收购案件，被收购公司设置特别委员会的比例从22%上升到31%，被收购公司聘任外部专家的比例从71%上升至92%。[③]

随着公司实践的变化，下级法院的审理思路也出现了转变。例如，从2010年的Cybird公司案开始，下级法院虽然在形式上依然遵

---

① 非訟事件手続法49条第1項。
② See Wataru TANAKA, Going-Private and the Role of Courts: A Comparison of Delaware and Japan, GCOE Soft Law Discussion Paper Series No. 2010-1, p. 9.
③ 井上光太郎・中山龍太郎・増井陽子「レックス・ホールディングス事件は何をもたらしたか：実証分析からの示唆」商事法務1918号（2010年）4-17頁。

循Rex案以来的分别评价路径，将"公正价格"划分为"不发生MBO时股东也可能享有的价值"（以下简称"公司客观价值"）和"MBO有望实现的企业价值增量中应当分配给股东的部分"（以下简称"股东分享溢价"），但是在判断"股东分享溢价"时，下级法院开始关注交易过程中的程序性措施。如果程序性措施有效消除了利益冲突的影响，法院则倾向推定余股强制挤出价格与"公司客观价值"的差值构成公正的"股东分享溢价"。[①]否则，法院会基于交易定价的依据来重新评估公正的"股东分享溢价"。

四、超越《MBO指引》：《公平并购指引》

《MBO指引》发布后的十年间，日本公司法和东京证券交易所的上市规则中有关并购的规则被多次修改，判例法理逐渐累积，上市公司治理结构和股权结构发生了重大变化。在前述背景下，日本经济产业省组建了"公平并购交易研究会"，于2018年11月启动了《MBO指引》修订工作。经过7次研究会会议、海外法律制度调查、内部听证、面向社会征求意见等程序，最终于2019年6月28日公布了《MBO指引》的升级版——《公平并购指引》。

《公平并购指引》对《MBO指引》的完善体现在适用对象和程序性措施方面。在适用对象方面，《公平并购指引》基于功能主义的视角，在管理层收购之外，还囊括了同样具有利益冲突构造的控股股东收购上市子公司的交易。[②]在内容方面，《公平并购指引》在延续《MBO指引》确立的两项原则的同时，梳理了六项程序性措施。具体而言有：（1）设置特别委员会；（2）获取外部专家的独立意见（包括法律意见、估值报告与公允性意见）；（3）保障其他收购人的收购机会（即美国法下的"市场检验"）；（4）交易提交非关联股东表决（以下简称"MOM表决"）；（5）强化对非关联股东

[①] 在部分案例中，法院不再是简单清点程序性措施，而是会实质性地审查程序性措施是否有效保障了交易公平。例如，在Cybird公司案（表2的4号案）中，二审法院以特别委员会聘请的顾问缺乏独立性为由，质疑特别委员会的有效性。

[②] 经济产业省「公正なM&Aの在り方に関する指針—企業価値の向上と株主利益の確保に向けて—」（2019年）3-4頁。

的信息披露和公司谈判、决策过程的透明度；（6）消除要约收购过程中的压迫性。程序性措施的总体功能是，从程序上担保难以设定统一客观标准的交易条件的公平性。[1]具体而言存在两个不同的维度：维度一是"保障交易条件的形成过程具备可视作独立当事人交易的环境"；维度二是"保障非利害关系股东有机会做出知情判断"。[2]程序性措施与维度一和维度二的对应关系参见表3。

与JCOM案三审裁定相比，《公平并购指引》在以下两方面更进了一步：第一，《公平并购指引》没有止步于JCOM案三审裁定列出的几类程序性措施，而是在此基础上增加了"市场检验"和MOM表决。这种前瞻性的规则呼应了《公平并购指引》最佳实践规范的定位。第二，《公平并购指引》从两个维度阐释了程序性措施的功能与价值，比JCOM案三审裁定的说理更为充分。例如，特别委员会是保障程序公平性的"基础"，功能是"基于被收购公司和非利害关系股东的利益，分析和判断是否实施并购、交易条件是否具有合理性、程序是否公平，在交易条件的形成过程中应对结构性利益冲突与信息不对称，兼顾提升企业价值和为非关联股东尽可能争取更好的交易条件的目标，并尽到合理注意责任"。[3]

表3　程序性措施与维度一、二的对应关系

程序性措施	维度一	维度二
（1）设置特别委员会	相关	无关
（2）获取外部专家的独立意见（包括法律意见、估值报告与公允性意见）	相关	相关
（3）保障竞争性收购人的收购机会	相关	无关
（4）交易提交非关联股东表决	相关	相关
（5）强化对非关联股东的信息披露和公司谈判、决策过程的透明度	相关	相关
（6）消除要约收购过程中的压迫性	无关	相关

与特拉华州判例法相比，《公平并购指引》的本土化特点主要

---

① 同上，16页。
② 経済産業省「公正なM&Aの在り方に関する指針—企業価値の向上と株主利益の確保に向けて—」（2019年），15頁。
③ 同上，19页。

体现在特别委员会、MOM表决以及市场检验三项制度中。在特别委员会方面，《公平并购指引》并未要求"特别委员会必须全部由外部董事构成"，而是规定公司应按照独立董事、独立监事、外部专家这一优先顺序选用特别委员[①]。这种安排照顾到了日本独立董事制度的现状。日本公司法规定了三种监督经营者的内部组织，供上市公司备选，即监事会、单一委员会或三个委员会。[②]据统计，东京证券交易所主板第一市场中，采用这三种模式的公司数量比例为66.6%、30.5%和2.9%。采用三个委员会的上市公司各委员会的人数不得低于三人，其中半数以上应为独立董事[③]。因此，至少能保证公司有三名独立董事可供组建特别委员会。单一委员会模式下，委员会人数也不得低于三人，其中半数以上为独立董事[④]。监事会模式的上市公司没有选任独立董事的义务。[⑤]即便是东京证券交易所的上市规则也只要求监事会模式公司至少确保一名独立董事或独立监事。[⑥]由此可见，借鉴特别委员会制度时，日本首先遇到的问题是备选的适格人才不足，这也导致多数情况下，被收购公司需要用独立监事或外部专家填充特别委员会。

与特拉华州判例法推崇MOM表决不同，《公平并购指引》没有建议所有并购交易一律采用MOM表决，而是建议目标公司董事会或

---

① 経済産業省「公正なM&Aの在り方に関する指針—企業価値の向上と株主利益の確保に向けて—」（2019年），24頁。

② 监事会模式自日本商法典制定之初便存在。三委员会模式是为借鉴美国"monitoring board"模式而于2002年引入日本的制度。一委员会模式是为促进上市公司从"management board"向"monitoring board"过渡而于2014年新增的制度。

③ 日本公司法第400条第3款。

④ 日本公司法第331条第6款。

⑤ 不过，为了促使采用监事会模式的公司增加外部董事人数，日本在2014年修订公司法时，增加了第327条第2款。该条规定，如果一家上市公司未选任外部董事，该公司的董事应当在年度股东大会上解释不适合选任外部董事的理由。2019年，经国会审议通过并预计于2023年6月10日施行的修订版公司法（2019年法律第70号）将修改该条款。新的第327条第2款规定，采用监事会模式的上市公司应当聘请外部董事。不过，该条未强制规定外部董事的人数。

⑥ 東京証券取引所上場規程第436条の2第1項。

特别委员会结合个案特点，在综合考察MOM表决的有效性和弊端（如阻碍有益的并购交易发生等）后，决定是否采用MOM表决。[1] 这种谨慎立场的背后，源于日美两国异议股东回购请求权制度的差异，以及指数基金消极参与预受要约的事实。[2]

在"市场检验"制度方面，《公平并购指引》规定，当出现竞争收购人时，"只要收购提案具体可行，被收购公司董事会或特别委员会应当认真考虑该提案，无正当理由不应拒绝该提案"；如果被拒绝的提案可能有利于非利害关系股东的利益，被收购公司的董事会或特别委员会应当"就该判断的合理性尽到说明责任"[3]。由此可见，《公平并购指引》照顾到了"市场检验"制度在日本并购事件中尚未普及的现状，采用了"遵守或解释"模式，助推上市公司实践的发展。

行文至此，我们能清晰看到日本私有化交易规范的发展是在经济产业省和法院这两个"次级立法者"[4]的共同推动下形成的。这种商事交易规则的生产模式有其内在逻辑。其一，国会立法程序烦琐，难以紧跟市场发展。法院受到处分权主义的约束，不能审理没有诉讼或者诉讼请求以外的事项，形成规范的时间点也相对滞后。此外，

---

[1]　経済産業省「公正なM&Aの在り方に関する指針—企業価値の向上と株主利益の確保に向けて—」（2019年）40-41頁。

[2]　藤田友敬「『公正なM&Aの在り方に関する指針』に関する意義」商事法務2209号（2019年）17-18頁注65。

[3]　経済産業省「公正なM&Aの在り方に関する指針—企業価値の向上と株主利益の確保に向けて—」（2019年）37-38頁。

[4]　"次级立法者"这一用语源自约翰·阿莫（John Armour）等三位美国教授的论文，指代包括司法、公共监管者和市场参与者这三类供给法律规则的主体，与指代国会立法的"正式立法（primary legislation）"概念相对。阿莫教授等人发现，"次级立法者"是推动英、美、日三国形成敌意收购监管规则的主要力量。但是，各国法院在商事纠纷解决中的地位差异，以及各国关键利益集团之间力量的不同，使得三国呈现出各不相同的"次级立法者"和具体规则。John Armour, Jack B. Jacob, Curtis J. Milhaupt, The Evolution of Hostile Takeover Regimes in Developed and Emerging Markets: An Analytical Framework, 52 Harv. Int'l L. J. 219, 227 （2011）. 中文译文参见：《敌意收购机制在发达国家以及新兴市场中的演进》，夏戴乐译，载《金融法苑》2015年总第90辑，第227页。

法院释法难以超越制定法中的既有概念。经济产业省制定软法规范，既没有直接冲击制定法体系，也有效弥补了国会立法和法院判例的滞后性，及时回应市场需求。[①]其二，经济产业省采用"指引"这种非正式法源，更便于引入新制度，进行前瞻性立法。例如，经济产业省制定《MBO指引》时，特别委员会、MOM表决和市场检验等制度尚未出现在制定法、判例法理或商业惯例中。其三，与法院的知识结构相比，经济产业省的知识结构更加多元化[②]，有助于补充法律专家（指法官、律师和法学教授）所不擅长的知识和专业。

五、启示与政策建议

《中华人民共和国公司法》（以下简称《公司法》）未明确规定商业判断原则和完全公平原则，因此，完全照搬美国的相关审查模式并不可行。日本法院的实践对于思考我国法院如何聚焦程序公正性来审查私有化交易提供了以下几点启示：第一，在审理因私有化交易遭受损失的股东追究董事责任的案件时，可以尝试以《公司法》第152条作为股东的请求权基础[③]，运用法律解释推导出"公正价值转移义务"。该条项下损害赔偿请求权发生的法律要件之一是"违反法律、行政法规或者公司章程的规定"，此处的"法律"当然包含《公司法》。因此，《公司法》第152条可以转化为，董事违反忠实义务或勤勉义务，损害股东利益的，股东可以请求其赔偿。

---

① 例如，2005年5月，日本经济产业省与法务省共同发布了《关于保护或提升企业价值、股东共同利益的反收购措施指引》。2006年3月，经济产业省下设的智库组织"企业价值研究会"针对敌意收购发布了《企业价值报告书2006：为实现企业公平规则》。2008年6月，该"企业价值研究会"发布了《从近期环境变化看反收购措施的应然选择》。

② 例如，《MBO指引》发布前曾由经济产业省下设的智库组织"企业价值研究会"审议。该研究会由30位委员组成，分别来自企业（11人）、金融机构（4人）、律所（4人）、大学（法学教授5人、经济学教授4人）、企业养老金管理机构（1人）和媒体（1人）。

③ 《公司法》第152条规定，董事"违反法律、行政法规或者公司章程的规定，损害股东利益的，股东可以向人民法院提起诉讼"。

在此基础上，结合《中华人民共和国民法典》（以下简称《民法典》）第76条对有限公司和股份公司营利法人的规定，即"以取得利润并分配给股东等出资人为目的"，可以从董事对公司利益负有忠实义务推导出对股东的共同利益负有忠实义务，其在私有化交易中的具体内容是"公正价值转移义务"。

第二，从日本的司法实践可以看出，异议股东评估权制度在利益冲突型并购交易中发挥了类似董事忠实义务保护股东利益的功能。目前，针对上市公司董事的股东直接诉讼尚未被激活，而申请法院评估股价的权利仅仅限于有限责任公司的异议股东。[①]在对《公司法》的重大修订中，也应当赋予股份公司的异议股东申请法院审查转让对价公平性的权利。此外，《关于改革完善并严格实施上市公司退市制度的若干意见》在引入股东大会决议退市机制时规定："主动退市公司应当在其公司章程中……对决议持异议股东的回购请求权、现金选择权等作出专门安排。"考虑到决议退市机制在董事（或控股股东）与中小股东之间的利益冲突中与合并、要约收购等其他退市方式具有同质性，可以考虑也赋予行使股权回购请求权的异议股东申请法院评估的权利。

第三，根据《最高人民法院关于适用〈中华人民共和国民事诉讼法〉的解释》（以下简称《民事诉讼法解释》）第91条规定，除法律另有规定外，证明责任的分配方式采用法律要件分类说。因此，在董事责任案件中，不论是否存在利益冲突，被告董事都不会对其未违反勤勉义务或忠实义务承担结果意义上的证明责任。不过，即便缺乏结果意义上的证明责任转移机制，其影响也未必是决定性的。首先，结果意义上的证明责任只是事实真伪不明时的裁判手段，法官适用该规则的次数越少，意味着法官依靠内心确信做出的裁判结论越多。[②]其次，行为意义上的证明责任始终在原、被告之间转移。当原告提出的评价根据事实能够在一定程度上证明其主张，则被告董事

---

① 《公司法》第74条第2款、第142条。

② 袁琳：《证明责任视角下的抗辩与否认界别》，载《现代法学》2016年第6期，第192页。

需要就该评价进行反证，或者就违反公正价值转移义务的主张进行抗辩；法官则在综合考量本证和反证的基础上形成内心确信。因此，更为关键的环节可能还是法院应当结合哪些事实和证据来认定董事履行了"公正价值转移义务"，其核心是审查当事人采取了哪些措施拟制独立当事人交易（设立特别委员会、MOM表决等）以及该措施的有效性。

目前，我国现行法针对合并退市、要约收购退市以及股东大会决议退市设置的投资者保护措施囊括了聘请独立财务顾问或资产评估机构出具报告、独立董事出具意见、要求关联董事以及关联股东回避表决等。这些规则存在两点不足。

第一，要求独立董事出具独立意见和要求关联董事或关联股东回避表决有助于防范利益冲突，但是，这两项制度着眼于董事会决议和股东大会决议，未充分关注到形成交易条件的谈判环节也需要程序性保障，而设立特别委员会正是有效的手段。第二，《上市公司收购管理办法》（以下简称《收购办法》）规定管理层收购应取得"出席股东大会的非关联股东所持表决权过半数通过"（即"MOM表决"）[①]，未充分考虑到要约收购的特殊性。《收购办法》第51条第1款规定："管理层收购"是指"上市公司董事、监事、高级管理人员、员工或者其所控制或者委托的法人或者其他组织，拟对本公司进行收购，或者通过本办法第五章（笔者注：间接收购）规定的方式取得本公司控制权。"尽管该定义下的"管理层收购"方式不限于要约收购，但是，为取得公司控制权，管理层难免会触发强制要约收购义务，由此会带来MOM表决与要约收购程序的不协调。收购人的目的是被收购公司退市，因此，双方势必会约定固定比例的股份接受要约，这也是此次收购的生效条件。由此带来的问题是，即便该收购通过了MOM表决，仍可能因未满足收购生效条件约定的股份比例而不生效。此时，MOM表决只是徒增了公司内部程序负担。不仅如此，《收购办法》对MOM表决的规范表达与要约收

---

① 《上市公司收购管理办法》（2020年修订）第51条第1款。

购中的MOM表决并不等价。《收购办法》规定的计算MOM表决的分母是"出席股东大会的非关联股东"，而在收购生效条件中约定预受股东比例时，其分母是所有非关联股东。《收购办法》规定的计算MOM表决的分子是"持表决权"的股份，而在收购生效条件中约定的预受股东比例时，收购人可以自主决定是否针对普通股和不含表决权股设置不同的收购条件。

鉴于以上两方面的不足，本文建议在《监管规则适用指引——上市类第1号》中，针对上市公司并购重组和上市公司收购中可能存在的利益冲突，列举有助于当事人消除利益冲突的措施，包括但不限于被收购公司设置由独立董事组成的特别委员会，要约收购人承诺MOM表决为收购生效条件等情况。另外，本文还建议《收购办法》中删除对"管理层收购"规定的MOM表决条件，同时，不区分"管理层收购"或其他类型收购，统一规定"要约收购人是被收购公司的董事、监事、高级管理人员、控股股东或者实际控制人的（以下简称'董事等'），或者是由董事等控制或者委托的法人或者其他组织的，被收购公司应当采取一定的措施消除利益冲突，并在《被收购公司董事会报告书》中披露前述措施以及该措施有助于消除利益冲突的理由。未采取任何措施消除利益冲突的，应当在《被收购公司董事会报告书》中披露采取措施不适当的理由"。

日本侵权法中的因果关系理论及其启示

郑　路①

一、序言——问题意识

众所周知，中日均是深受大陆法系中德国民法影响的国家。除潘德克顿体系之外，预先在条文中设立以各种要件为主要表现形式的大前提，进而对照生活事实，判断其法律效果的演绎逻辑形式，也是德国民法的重要表现形式之一。然则，如侵权责任制度这种对民法乃至整个私法体系都有纵贯效用的法律制度，其构成要件的重要性自不待言。但是，无论是在中国还是在日本，对于侵权责任要件的基本体系构成都存在很大争议，这不能不说是一个奇特现象。

本文将以侵权责任构成要件中的一个具体问题——因果关系理论为着手点，并主要以日本民法的相关理论为研究对象，综合探讨日本侵权法②中因果关系理论的基本构造。之所以选取该主题，主要有以下原因：首先，日本侵权法的要件论整体体系问题虽滥觞于末

①　郑路，日本早稻田大学民法博士，北京理工大学珠海学院民商法律学院副教授。

②　我国的侵权责任法，在日本被称为"不法行为法"。但是，由于我国侵权责任法理论及立法上的变化，二者之间又存在着很大差异，主要体现在该法的地位和法律后果层面上。因此，本文为避免混淆，将日本的侵权责任法简称为"日本侵权法"。

川博博士的"违法性理论"，但其中的重头戏"过错一元论"学说（即我国的"三要件说"）的兴起，实则源于20世纪70年代的因果关系理论。因此，从因果关系理论入手研究侵权行为要件论，虽不免有避重就轻之嫌，却也是"追本溯源"，对了解日本侵权行为要件论纷争的全貌不无裨益。其次，我国民法学界对日本侵权法中的因果关系理论认识的错谬颇多，更遑论其理论的相关影响，因此，也有正本清源的必要。①最后，抛开侵权行为要件论的大背景，单纯从因果关系要件自身而言，日本民法理论的认识也有其独到之处。因此，即使是无意对侵权行为要件论做整体性研究的实务界人士，了解一些日本的因果关系理论，对于实务中判断侵权行为成立与否的工作而言，也不无裨益。

需要事先说明的是：本文并不是基于学说史角度对日本因果关系理论进行的总结（虽然文中也存在相关内容），而是基于日本学说的发展，解析因果关系要件在日本民法学说中的功能和理论构造的变化，进而探讨其对理解我国侵权责任法中因果关系要件的一些启发。简要来说，本文的主旨不外乎探求这三个比较基础的问题：日本侵权法中的因果关系理论究竟是什么构造；如何逐渐形成今日的局面；我们从其发展中能获得什么。

二、日本的因果关系理论谱系

在日本侵权法中，因果关系要件的功能或者说其存在的意义是划定损害赔偿责任的范围。关于这一观点，无论是坚持相当因果关系理论学说的学者，还是极力主张抛弃因果关系的法律评价功能的

---

① 于敏先生的著作《日本侵权行为法（第3版）》（法律出版社2015年版）第260页以下，对日本侵权法中的因果关系理论的介绍精湛而又准确，但可惜限于篇幅未作展开，未涉及日本侵权法中的因果关系理论与过错的逻辑关系等重要问题，实属遗憾。此外，周江洪《日本侵权法中的因果关系理论述评》（载《厦门大学法律评论》2004年第8辑，第185-222页）对日本侵权法中的因果关系理论体系介绍得非常详尽。本文与周老师的文章立足点不同，更着重于日本侵权法中的因果关系理论体系的形成和发展及其影响。

事实因果关系立场的学者，都没有太大异议。日本民法学界对因果关系要件的争论，并不在这一问题上，而是集中在如何实现这一功能的层面上。但是，后文我们将发现：正是在"如何实现该功能"这一问题上，日本民法理论出现了令人惊异的分歧。

（一）传统立场：二分法与相当因果关系理论

基于因果关系要件的这种"划定损害赔偿责任的范围"功能，目前日本民法中的通说理论认为，因果关系实质上可以分为两个不同范畴，一是加害行为与权利受到侵害的后果之间的因果关系；二是权利受到侵害的事实与被害人所受损害之间的因果关系。在通说理论中，前者被称为"责任成立层面的因果关系"，后者被称为"确定赔偿范围的因果关系"。①

对中国读者而言，比较难以理解的问题，或许首先是为什么会出现后者的所谓"权利受到侵害"与"被害人所受损害"之间的因果关系，这二者的区别是什么；进一步的问题才是为什么日本侵权法中会出现这样两个不同的因果关系。

所谓"权利受到侵害"②，乃是日本民法实体法上的一个特定的概念。日本民法第709条明确规定了这样的一个要件，由于这一要件在后文的讨论中是一个主要问题，因此，在这里我们暂且不细致展开。但是，需要说明的是，由于日本民法第709条中出现了这一概念，

---

①　潮見佳男『不法行為法Ⅰ（第2版）』（信山社、2013年）338頁。此外，据乌尔里希·马格努斯介绍，前者在德国民法理论中被称为"责任成立因果关系"，后者被称为"责任范围因果关系"，其用语与日本理论稍有不同，但基本含义无甚差别。参见J. 施皮尔：《侵权法的统一：因果关系》，易继明译，法律出版社2009年版，第86页（乌尔里希·马格努斯执笔部分）。

②　该要件在2004年日本民法修改时，文本部分变为"权利或受法律保护利益"，因此，此后的日本民法理论在使用这一要件时的通说性表达是"权利（或法益）侵害"或直接使用"法益侵害"。但是，在日本民法通说看来，与学说相比，这一变化并没有实质性的改变，因此，为了避免概念本身的冗长，下文如果没有特殊说明，均是在这一层面使用的日本"权利侵害"要件。

所以在文字层面出现了两个不同的因果关系。[①]该条文的原文是：
"因故意或过失侵害他人权利或受法律保护利益的人，应承担赔偿因此产生的损害之责任。"该条文作为侵权责任的一般规范，用了两个"因为"而将"加害行为"和"损害结果"联结在一起。第一个是"因"过错侵害了他人的权利；第二个是"因此（权利受到侵害）"而造成了损失。而在二者之中，出现了一个"权利侵害"的中间项。所以，日本学者倾向于将因果关系分为上述两个不同的层面进行解读。

在此基础上，出于对"确定赔偿范围的因果关系"进行判断的需要——实质上也就是对责任范围进行"法律性判断"的需要，日本传统民法理论继承了德国民法理论中的相当因果关系概念（众所周知，这个概念实际上是从刑法理论中演化过来的），创造出了日本传统理论中的"相当因果关系理论"。

不过，日本的相当因果关系理论的构造和发展乏善可陈。如果不是该理论在其后与事实因果关系理论的碰撞中作为对立的一端出现的话，似乎在这篇小文中几乎可以省略为一个注解：参照德国民法理论。相当因果关系理论通过一个知名案例（"富喜丸事件"）所确认的判例理论，作为早期的通说理论而被提出，其后，经历了后文所介绍的事实因果关系理论的冲击，逐步发生了演变。目前依然坚持相当因果关系概念的学说，事实上也大多演化为法规目的说等其他学说。[②]在当下的日本民法理论中，相当因果关系理论的作用，与其说是"相当性"概念本身的功能，不如说是作为孕育出了法规

---

① 在德国民法的实体法中，也有类似这种文字表达层面的问题。德国民法第823条中，出现了"侵害"与"损害"的区分问题，恰好与日本民法第709条的构造类似。

② 例如，潮见佳男教授对相当因果关系理论依然存在正面评价，但其本人的理论实际上是"合法则的因果关系"加法规目的说的产物。再如，森岛昭夫教授被潮见佳男教授评价为"采取了法律评价性要素的相当因果关系理论立场"，其理论的本质实际上是一种近似法社会学的立场。如果非要以规范性的角度评价的话，也只能说它是一种"综合性因果关系理论"。参见森岛昭夫『不法行為法講義』（有斐閣、1987年）273頁以下。

目的说等学说的平台，成为坚持"因果关系要件应当从法律性评价角度对责任成立范围发挥限定[①]作用"这一观念的象征。

（二）通说性理论：事实因果关系理论

上述日本侵权法中的传统理论立场，很显然与德国民法理论有共通之处。但是，日本的侵权法理论的发展是从日本实体法和判例理论推演而来的，且经过了数次重大的理论变革，因而，其后的因果关系理论的演进相较于德国传统民法理论，有较大的差异。

目前，在日本侵权法理论中，关于侵权责任构成要件的通说性理论是"事实因果关系理论"[②]。而该理论与德国民法理论的差异是很明显的。

日本事实因果关系理论的基本理论构造可以分为两个方面。

首先，该理论指出，日本传统理论实际上将因果关系分为了事实层面的因果关系与法律评价层面的因果关系。也就是说，在（来源于德国的）因果关系的概念中，实际上是包含两个方面的内容的：一方面是所谓的"条件关系"，即德国民法理论中经常使用的"若无则不"的事实判断公式；另一方面是对损害后果是否可以归责于该行为的法律评价性判断。前者一般被称为"事实因果关系"，而后者常被称为"法律评价性因果关系"或者"规范性因果关系"。[③]

其次，事实因果关系理论否定了这种分类的意义，并将作为侵权责任要件的因果关系严格限定在"事实因果关系"的层面。也就是说，关于行为人的侵权行为是否成立，以及行为人是否应当为此而承担侵权责任的问题，在因果关系的要件中，仅仅应当考察其是

---

① 值得提及的是，相当因果关系理论在日本侵权法中不仅是具有"限定"的作用，有时也发挥着"扩大"的作用，例如，重叠因果关系的情形。

② 日本的事实因果关系理论也被称为"义务射程理论"，在我国学者的著作中也有所介绍，如叶金强《相当因果关系理论的展开》，载《中国法学》2008年第1期。不过这一名称实际上是由森岛昭夫教授在其著作中命名的，比较个性化，本文采取其通常概念。

③ 由此我们可以了解，日本早期的传统相当因果关系理论中，并没有过多涉及对于事实层面和法律评价层面的二分法，该分类事实上是事实因果关系理论为了批判传统学说而提出的，而后，反而被坚持传统理论的学说或其继承者所接受。

否构成"事实因果关系"。说得更加浅显一些的话，就是在因果关系要件的考察中，只考察"被害人的损害（注意不是权利侵害）是否是由行为人而引起的"这一个问题。至于该因果关系是否是法律上所认可的因果关系、行为人是否应当为此而承担责任等问题，均不在因果关系的要件中进行考察。

所以，日本的"事实因果关系理论"的基本立场是排除了因果关系中的法律评价性内容，仅保留事实层面所谓"若无则不"的条件关系的考察。

（三）日本事实因果关系理论的基本立场

日本的这种事实因果关系理论，不仅与德国民法理论的差异非常明显，而且从因果关系要件的基本功能来看，似乎是一个怪异到近乎荒谬的学说。

无论是德国早期的相当因果关系理论，还是近年来逐渐成为主流学说的法规目的说，以及在此基础上加入法政策性评价的"三步法"理论，[①]均持将"事实因果关系"和"法律性、规范性因果关系"结合在一起进行考察的基本立场。也就是说，在德国民法理论中（我国民法学者也大多持相同立场），因果关系的核心作用是限定侵权责任成立的范围，而为了达到这一目的，仅仅使用事实层面（条件关系）的因果关系是远远不够的。事实上，因果关系要件在德国民法理论中真正发挥作用的，恰恰是起到法律评价性、规范性作用的"责任范围的因果关系"。[②]

德国民法理论的这种认识，从因果关系要件的逻辑层面而言，

---

① 同前注，J. 施皮尔书，第87页以下。同前注，潮见佳男书，第362页以下。
② 在此，笔者要提醒初学者一个问题：不要望文生义地将"责任成立的因果关系"与"侵权责任成立"的问题等同看待。德国民法理论虽然做了"责任成立"和"责任范围"的区分，但是绝不意味着在德国民法理论和司法实践中，只要满足"责任成立的因果关系"，因果关系要件就能得以满足，行为人的侵权责任就能得以成立。正如德国民法学者所指出的，在德国民法理论中"责任成立的因果关系"与"责任范围的因果关系"二者之间并没有太大差别。而日本通说理论也认为：所谓相当因果关系的概念，正是在责任范围层面发挥作用的。后文介绍的以日本平井宜雄教授为代表的"事实因果关系理论"，才是坚持将责任范围的因果关系从因果关系要件中剥离出去的立场。

似乎也是应有之义——既然因果关系要件要实现限定损害赔偿责任范围的功能，那么仅仅确认其在事实构成层面的"行为确实引起了权利侵害的后果"，又有什么意义呢？如同我们在任何一本教科书中都会读到的解说一样：行为所造成的权利侵害会引起无穷无尽的后果，这些后果显然不能都由行为人赔偿，因果关系要件正是起到了这样的限定作用。所谓因果关系要件的成立，绝不是我们考察完"若无则不"问题后，就可以从损害中挑拣出"应当由被告承担的损害后果"这么简单。在很多情形下，所谓"侵权责任的成立"，不过是从原告视角进行的考察。而从被告视角来看，其责任是否成立是问题的本质，不外乎是其行为是否波及该项损害——亦即责任范围是否波及该项损害，二者在本质上是相同问题。①

因此，在德国传统民法理论中，尤其是"相当因果关系"理论中，因果关系要件的事实层面判断，即"责任成立的因果关系"，仅仅是第一步。在完成了该层面的判断后，对于满足了事实层面的因果关系的行为，即通过了"若无则不"考察（或者叫条件关系、逻辑性因果关系等）的行为，是否应当将该因果关系序列中的后果，即原告所遭受的权利侵害或者损害归责于该行为，则是因果关系中后一个重要的环节。②

那么，如果日本的"事实因果关系理论"剥离了法律评价、规范性评价的内容，难道说明其放弃了因果关系的责任限定功能吗？

事实上，日本的这一理论正是在一定程度上放弃了因果关系要件的限定功能。由于该理论产生的背景及其影响比较复杂，笔者会

---

① 虽然该问题不是本文的核心内容，但为了便于读者理解，不妨试举一例：交通事故造成某男子身体损伤而失去性功能，其妻子主张因"性福权（原文如此）"受到损害而要求赔偿的事件。加害行为与丈夫身体损害之间的"责任成立因果关系（或事实因果关系）"是显而易见的。但这并非本案的主要争论点。本案中，妻子主张的损害赔偿责任是否成立，因果关系要件所涉及判断是其主张的责任是否成立的问题。但如果从被告行为与丈夫身体权益受损角度来看，该问题实际上与被告行为的责任范围是否波及妻子属同一问题。

② 同前注，J. 施皮尔书，第92页。此外，在此种背景下来看，所谓"责任成立的因果关系"概念，在用词上实属不妥。

在后文中进行论述，在此先对该理论的基本立场进行简略的三点总结，以便读者先了解后文内容的基本方向。

首先，在"事实因果关系理论"这一理论下的因果关系要件，依然具有部分的责任限定功能，但是该功能主要体现在事实构成方面。

其次，日本的"事实因果关系理论"放弃了因果关系要件中的法律评价性功能，将该功能放在了其他要件（如过错要件）中进行考察。因此，"事实因果关系理论"和"过错一元论"在日本民法理论中是对应关系。日本的因果关系理论与过错等其他要件密切相关，想要理解日本的因果关系理论，必须正确理解日本要件论的整体体系。

最后，需要留意的是，所谓"事实因果关系理论"的要件，依然存在部分法律评价性的内容。该理论的重点是剥离了"因果关系链条中的法律评价"，但是所谓"事实层面的因果关系"的判断标准中依然存在一些法律评价性的要素。这主要体现在"不作为的行为"和"安全保障义务"两个方面。[1]事实因果关系理论的这一特性，是日本部分学者攻击的主要方面。[2]但是，在笔者看来，"判断事实层面问题的前提中存在法律评价性要素"与"对事实层面问题是否进行进一步法律评价"，这二者并不是相同的问题，也不能说是事实因果关系理论内部的逻辑矛盾。[3]

三、日本的"事实因果关系理论"的理论背景和发展

日本的"事实因果关系理论"的构造浅显易懂，并不复杂，但

---

[1] 限于篇幅，本文实在无法对该问题展开说明，如读者对此问题感兴趣，可参见水野谦『因果関係概念の意義と限界——不法行為帰責論の再構成のために』（有斐閣、2000年）。

[2] 同前注，潮见佳男书，第360页；同前注，水野谦书，第13页。

[3] 需强调的是，笔者的这种认识与笔者自身的立场无关，仅是针对该种观点进行的评价。笔者自身并不完全赞同从因果关系要件中彻底剥离法律评价性要素的立场，但也不认为该种批判切中了要点。

真正让人费解的是该理论的背景。第一，该理论因何而出现？第二，该理论又为何能在日本民法理论中得以成立？第三，该理论成立后，既然因果关系要件放弃了对责任成立范围的限定功能，那么日本侵权法中对于责任范围还是否进行限定？如何限定？

从结论而言，日本民法之所以出现"事实因果关系理论"，是因为其背后隐藏着日本侵权法中的法律评价体系的深层次变革。换言之，日本侵权法之所以选择了"事实因果关系理论"，是因为其背后存在过错、违法性等其他要件的理论发展的背景。因此，要想理解日本的因果关系理论的体系和背景，就必须要从"过错一元论"的产生和演变入手。①

（一）日本因果关系理论变革的背景——"过错一元论"

日本民法从1898年开始施行以来，直到2004年的一百多年间，除了家族婚姻部分随着社会变化进行过修订以外，其他部分都没有进行过实质意义上的修订。2004年，伴随着民法口语化运动②，立法机关对民法的部分内容进行了细微的调整，其中比较重要的调整主要在"保证制度"和"不法行为制度（即日本的侵权法制度）"这两部分。

日本民法第709条原文为："因故意或过失侵害了他人权利的人，应承担赔偿因此产生的损害之责任。"2004年的修订版对该条款所作的修改，将"侵害他人权利"的部分，改为了"侵害他人的权利或者法律上受到保护的利益"。虽然仅增加了"法律上受到保护的利益"几个字，但此修改却是日本近百年来民法理论的结晶，承载

---

①　如果不了解事实因果关系理论的这一背景，就可能错判该理论的实际意义以及日本的构成要件整体体系。如叶金强教授早已敏锐地发现，在该理论框架下，"因果关系的判断说已被压回到条件说"，故而得出"其最终结果可能会导致与因果律相关的法律政策丧失实现途径"的结论，同前注，叶金强文。但事实上，因果关系理论实际上正是采取了这样的做法，以求回避相当性概念的模糊性，故意将法政策性的问题放置在过错要件中进行衡量。

②　日本民法以古日语写成，导致普通日本民众很难阅读，所谓"口语化"也被称为"现代语化"，实际上是将古日语翻译成现代普通日语的过程。

了相当深厚的理论发展背景。

对于修订前的日本民法第709条，如果从字面上理解的话，其保护对象被限定在"权利被侵害的人"。基于这种文字表述，早期的日本最高法院——大审院曾一度将侵权行为的构成要件解读为"权利侵害""过错"和"因果关系"这三个要件。其中，对于"权利侵害"要件的理解，大审院则非常僵化地将其限定在了"绝对权受到侵害"的情形。①

这种权利侵害要件显然无法容纳在民事权利体系中尚未上升到"绝对权"的其他合法利益，无法回应保护这些利益的社会需要。因此，不久后大审院调整了其判例理论，将"权利侵害"的范围放宽到了"法律上应当加以保护"的利益，并且对其理由进行了解释。②日本著名民法学者末川博博士在总结大审院的判例理论后，提出了"权利侵害要件实质上是违法性的表征"的观点。③此后，我妻荣教授等人进一步完善和推论了末川博的观点，演变成"相关关系理论"。我妻荣教授据此提出"将权利侵害的考察重点，从被侵害的权利或利益本身，转至加害行为的形态等问题"的立场，④这就是日本民法理论中著名的"从权利侵害到违法性"的理论发展。

"从权利侵害到违法性"的理论虽然较好地解决了"权利侵害"要件的问题，可同时也给日本侵权法带来了巨大的冲击，直到今天依然影响着日本民法理论的发展。简要来说，当日本民法的起草者规划侵权行为的成立要件时，是以"权利侵害"要件统领被害人一方的要素，以"过错"要件统领加害人一方的要素，二者由"因果关系"要件相连接，对其作出均衡的考量后，最终得出加害行为是否构成侵权行为的结论。但是，以我妻荣教授的观点为代表的民法理论提出后，"权利侵害"被"违法性"替代，原来均衡的判断模

---

① 这就是日本民法上著名的"桃中轩云右卫门事件"，参见日本大判大正3年7月4日刑录第20辑1360页。

② 这个著名的判例在日本被称为"大学汤事件"，参见日本大判大正14年11月28日民集第4卷670页。

③ 末川博『権利侵害論（第2版）』（日本評論社、1949年）301頁。

④ 我妻栄『事務管理・不当得利・不法行為』（日本評論社、1989年）125頁。

式出现了严重的失衡。由于"违法性"要件的判断不可避免地要涉及对加害行为要素的判断，因此，当涉及加害行为的"违法性"要件出现后，原有的"权利侵害"要件被淡化，而另一方面"过错"要件和"违法性"要件之间，反而出现了机能和地位上的混淆。并且，随着"过错的客观化"这一现象的出现，这种混淆更是愈来愈严重。

为解决日本侵权行为法中的这种要件论层面的理论纷争，日本民法理论中开始出现了各种试图解决这种现象的学说，其中非常引人注目的分支，就是各种"一元论"的诞生。

所谓"一元论"，就是将侵权行为的构成要件中，针对行为的法律规范性判断的要点集中在一个要件之上的立场。虽然各种"一元论"的理论构成颇为复杂，但其出发点却很简单、实际，即"违法性"和"过错"若都具有法律评价的机能，而二者又确实发生了冲突，那么索性将问题简单化，仅保留一个要件，就可以解决这个问题。在众多的"一元论"观点中，影响最为深远的当数"一元论"的创始者平井宜雄教授在1971年提出的"过错一元论"。而日本侵权行为法中因果关系理论的变化，实际上是平井宜雄教授为建立"过错一元论"而展开的理论分析所引起的"副作用"。

（二）"过错一元论"对德国"相当因果关系"理论的批判

如前所述，在平井宜雄教授提出其"过错一元论"观点之前，日本的民法学界对于侵权责任构成要件中的因果关系的传统理论通说，是完全遵照着德国民法理论中的相当因果关系理论立场而构建的。但是，平井宜雄教授在其1971年出版的巨著《损害赔偿法的理论》中指出：相当因果关系理论在司法实践中的作用其实非常不明显，作为一个规范性要件，它基本上没有发挥其应有的作用。

根据德国民法第一草案的立法理由书，德国损害赔偿法的基本原则是建立在债务人对债权人的"全部利益的给付义务"基础上的，即完全赔偿主义。这种立法模式的意图，通常被认为：出于确定损害赔偿范围的环节，应尽量排斥法官本身的价值判断和自由裁量这一目的。①这一原则要求确定对被害人的损害赔偿范围时，不考量侵权行为人本身的责任原因。②同时，在确定债权人（在侵权领域，则是被侵权人）所受损失时，明确应由债务人承担的环节上，不考虑债务人的过错程度、损害的预见可能性等问题。③确定损害赔偿范围时，仅考虑因果关系这一客观因素，摆脱对法官主观裁量的依赖，以及对债务人主观恶性的惩罚性倾向。④基于这一出发点，德国民法对因果关系概念的使用，必然要求它不能是物理意义上的、一般意义上的"因果"关系，而是某种特殊的"从法律角度加以限制"⑤的因果关系，⑥即所谓的"相当因果关系"。

但是，这一概念在实际司法实践中的作用，却并没有达到德国民法理论对它的期待。比如，在一起实际案例中，被侵权人因22年前的一次车祸导致骨折，22年后，被侵权人意外跌倒后，依然可以以其为理由请求加害人赔偿，所谓的"相当性"因素，并没有发挥其作用。⑦这是因为在一般情况下，有时难以否定损害的发生与加害人的行为二者之间的因果关系，而对于这种极其抽象的"相当性"，在具体的、个别的事件中，几乎不可能脱离当事人的主观要素去否定其存在。

针对司法实践中出现的这种现象，以卡梅尔（V. Caemmerer）为首的一些学者开始质疑"相当因果关系"这一概念是否有用。其核心观点可以概括如下：作为相当因果关系理论基础的完全赔偿主义，逐渐难以适应社会、经济基本构造的变化，以其为前提建立起

---

① 山田晟・来栖三郎「損害賠償の範囲および方法に関する日独両法の比較研究」『損害賠償責任の研究：我妻先生還暦記念』（有斐閣、1957年）128頁以下。
② Steindorff, Abstrakte-und konkrete Schadensberechnung, AcP 158, 431, 449 (1960). 转引自：平井宜雄『損害賠償法の理論』（東京大学出版会、1971年）27頁。
③ 同前注，平井宜雄书，第32页。
④ 北川善太郎「損害賠償論の史的変遷」法学論叢73卷4号37頁。
⑤ 其实我们不难看出：从这一角度来讲，德国的因果关系理论的发展，实际上与"完全客观的责任范围"这一出发点是相悖的。
⑥ 同前注，平井宜雄书，第44页。
⑦ RG 1922.10.13; RGZ 105,264. 转引自：前注平井宜雄书，第24，53页。

来的"相当因果关系"的概念，不过是限制"责任成立的界限"的一个工具而已。因此，也没必要一定以"相当因果关系"的概念来排斥其他可以达到相似功能要素的存在。而"相当因果关系"这一概念的导入，事实上并没有发挥限制完全赔偿主义的功能，基本上是一个失效的要素。其根本原因在于，"相当因果关系"这一概念本身与具体的债务发生范围之间，并没有什么联系。①在司法实践中，损害赔偿的范围往往是基于责任原因的范围而划定的，也就是说，损害赔偿的范围与侵权行为的违法性或者过错的要素相关联。

基于以上分析，平井宜雄教授得出两个重要的结论：其一，对因果关系要件的功能，不宜过分强调其规范性评价功能。也就是说，不应过分强求因果关系要件在法律评价层面上限定侵权责任成立范围的功能。其二，德国民法理论有其自身的历史背景和社会背景，不宜被日本民法全盘采纳。日本民法应当结合现有理论体系和社会现实，创造符合自身特点的侵权行为要件论。

平井宜雄教授的观点对日本民法理论产生了极其深远的影响。不过，在笔者看来，平井宜雄教授之所以花费巨大的精力对德国民法中的"相当因果关系"理论展开批判，其核心目的有以下两点：

首先，是出于剥离因果关系要件中的法律评价机能的需要。平井宜雄教授所倡导的"过错一元论"，试图以过错要件来统领侵权行为成立与否这一评价体系中的法律判断体系。换言之，该理论希望将"侵权行为成立与否"这一判断过程中所涉及的法律性评价要素，都归于过错要件的机能之中。因此，平井宜雄教授不仅反对将侵权行为的法律评价体系拆分为"主观过错"和"客观违法"的立场，自然也希望剥离因果关系要件中的法律评价机能，并将侵权行为成立与否统归于过错要件判断。

其次，是出于消解德国民法理论对日本民法理论影响的需要。归根到底，平井宜雄教授的根本目的是希望建立侵权行为要件论层面的"过错一元论"，因果关系理论只是其论证该问题的一个理论

---

① 同前注，平井宜雄书，第60页。

铺垫。对于建立"过错一元论"而言，最大的障碍是日本民法理论中的违法性学说。因此，平井宜雄教授花费巨大的精力来论证德国"相当因果关系"理论中的破绽，以及该理论与日本民法理论之间的差异，①一个重要的目的就是说明德国民法理论并不是不可动摇的"金科玉律"，德国民法理论中的很多立场并不完全适合日本民法。说得更浅显一点，因果关系理论究竟应当如何重构，事实上并不一定是平井宜雄教授所真正关心的问题，平井宜雄教授的根本目的只是想通过因果关系理论的分析，说明日本民法完全可以摒弃德国民法理论，在侵权行为要件论的层面上，建立一种与德国民法理论完全不同的"过错一元论"判断模式。

（三）事实因果关系理论的形成

尽管笔者认为重构因果关系理论并不是平井宜雄教授的根本目的，但他最终却彻底改变了日本侵权行为法中的因果关系理论。由于平井宜雄教授的"过错一元论"并不是本文所关注的重点，因此本文还是将焦点放在其因果关系理论上。②

如前所述，平井宜雄教授从因果关系要件在侵权行为构成要件体系中的作用入手，将其区分为加害行为与损害结果之间的"事实层面判断"，以及根据因果关系来确定损害赔偿成立范围的"法律性判断"这两个层次。

平井宜雄教授通过对日本民法理论以及判例理论的分析，认为因果关系概念本身虽然包括以上两个层次，但第二个层次，即"法律性判断"的层次，建立在德国民法理论的完全赔偿主义的基础上。换句话说，由于德国民法理论将完全赔偿主义奉为圭臬，因此切断了责任原因与赔偿范围之间的联系。这样一来，德国民法必须且只能依靠因果关系的概念来限定侵权责任的范围。而在日本民法理论

---

① 事实上，关于因果关系理论的论证占据了平井宜雄《损害赔偿法的理论》一书一半以上的篇幅。

② 实际上，平井宜雄的"过错一元论"理论，最终并没有如其所愿地结束日本侵权行为要件论的争论，反而开创了一个各种"一元论"和新"二元论"层出不穷的时代，由于篇幅有限，本文暂且不做深入叙述。

中，实际上并没有严格遵守完全赔偿主义的理念，在对侵权责任是否成立以及侵权责任的责任范围等问题的考察中，"过错"要件发挥着至关重要的作用。基于以上理论，平井宜雄教授提出，日本民法理论并没有必要过分强调因果关系要件的"法律性判断"机能，甚至可以说，日本民法中因果关系存在的必要性，仅限于事实层面的"客观符合性"，其"法律性判断"的机能应当被忽略。

那么，如果日本侵权行为要件论中因果关系的要件失去了对侵权责任成立范围的"法律性判断"机能，那么这一机能在司法实践中必须由其他的要件或者其他理论来补充，否则侵权责任的成立范围将丧失规范性，流于泛化。出于对此的考虑，平井宜雄教授提出：侵权责任的成立及其范围的划定，应当由预见可能性等其他因素来决定，也就是笔者在前文曾经指出的"因果关系理论的发展最终成为日本'过错一元论'的理论铺垫"。

虽然日本民法学界对"过错一元论"的立场、态度比较谨慎，但另一方面，学者们对平井宜雄教授对因果关系理论展开的分析大都深以为然。因此，日本的民法理论最终选择了"事实因果关系"的立场。也就是说，在侵权行为要件论的范围内，对于"因果关系"要件成立与否的考察，仅限于"若无则不"的"必要条件"标准。这种立场与德国的相当因果关系理论的差别是一目了然的。

此外，关于"事实因果关系"要件的判断标准问题，我们也应当认识到，由于因果关系概念必然会涉及侵权责任的成立及其范围的问题（即使是事实因果关系理论，也是在事实层面发挥这一功能的）。因此，这种背景也决定了因果关系不可能是一个具有自然科学性的、完全基于客观物理世界标准的"因果关系"，对于"因果关系要件"的判断不可避免地要掺杂"法律性判断"。

日本民法学界的通说认为，被害人对于"因果关系"存在与否的举证，应当达到"高度盖然性"的标准，也就是说要能够排除基于一般的社会观念对因果关系存在的怀疑。这种标准显然超过了英美法系中常使用的"优势证据"标准。但由于日本民法将因果关系限定在了"事实性因果关系"的层面，因此，相比较而言，对于被害人的举证责任要求并非过高。毋庸置疑，在事实层面的举证显然比解决法律评价的问题容易得多。

当然，在诸如环境侵权责任、医疗损害责任等专业化程度较高、且当事人双方情报信息极度不平等的责任类型中，依然存在被害人举证困难的可能性。因此，日本民法逐步发展出了一些特殊侵权责任类型所适用的理论，例如，降低盖然性标准，使用"表见证明"的方式，又或者推出所谓"疫学因果关系"等理论。但从根本上来说，这些理论是对"事实性因果关系"理论的补充，不能作为一般理论类推适用到其他侵权责任类型中。

（四）反对立场——对事实因果关系理论的批判

平井宜雄教授的事实因果关系理论一经问世，便成为日本因果关系理论的通说性立场，即使是反对该立场的学说，也不怀疑这一点。但是，近年来，对事实因果关系理论的批判也逐渐得到重视，尤其在笔者看来，这些反对立场对没有完全采纳"过错一元论"的我国来讲，似乎更有启发作用。

首先，以水野谦教授为代表的一些学者，对事实因果关系理论严格区分"事实评价"和"责任成立范围的法律性、规范性评价"的立场进行了质疑，前文亦有所涉及。水野谦教授指出，平井宜雄教授所使用的"事实层面因果关系"的概念，在一些场合依然存在着一些法律评价性要素。对于是否能够明确分开两者，水野谦教授怀有疑问。与水野谦教授的立场相似，泽井裕教授从相当因果关系概念的有用性角度出发，指出在"原因力较弱"和"重复概率较低"的情形中，很难区分事实判断与责任范围的法律判断。虽然笔者对泽井裕教授据此提出的"相当因果关系概念在这些情形中依然可以发挥作用"的观点尚有所保留，但对泽井裕教授指出的这个问题深以为然。很显然，这些场合单纯依靠平井宜雄教授所设想的"用过错的归责原理来划定责任范围"的做法并不现实，也并没有清楚地体现事实因果关系理论的优点。此外，较早在日本提倡德国"法规目的说"的潮见佳男教授，也对事实因果关系持有相似的批评观点。同时，潮见佳男教授在此基础上提出了借鉴德国的法规目的说，意图达到完善因果关系范畴中的法律性、规范性评价的作用。

其次，森岛昭夫、米村滋人等学者从另一个角度批判了事实因果关系理论。他们的批判主要集中在因果关系要件对"责任成立的法律判断"，以及该要件的"划定责任范围的机能"问题上。也就是说，无论是传统的相当因果关系理论，还是事实因果关系理论，都将因果关系要件当作责任成立的"要件论"的机能，与"通过因果关系划定责任范围"的机能对立起来。但是，正如笔者在前文分析的一样，这二者在事实上并没有太大区别。森岛教授指出，相当因果关系理论在针对某些问题时，可能更为明了；而事实因果关系在某些事件中可能更为清晰。但无论如何，其判断都要符合法政策性评价的基本立场，笔者对此深以为然。一言以蔽之，无论是相当因果关系也好，还是事实因果关系也好；无论是事实层面的"条件关系"也好，还是所谓的法律性、规范性评价也好，这些理论所要解决的不外乎是行为人到底要不要承担赔偿责任的问题。而这个问题在很大程度上是一个法政策性评价的问题。笔者甚至认为，平井宜雄教授之所以在事实因果关系的基础上推导出了"过错一元论"的理论架构，在很大程度上也是因为如此，即在一些事实关系比较复杂的案例中，比起在概念中纠缠逻辑性的"因果关系到底成立与否"的问题，过错要件可能更清晰地体现了法政策性评价的需求。

（五）小结

如前文所总结的，日本的事实因果关系理论的构造非常独特，它将因果关系要件的功能严格限定在对事实层面因果关系链条的考察问题上，至于法律性、规范性评价的功能，则交由过错要件等其他要件来完成。

在笔者看来，日本的因果关系理论之所以选择了这样一条独特的道路，其原因及理论背景有三：一是为了弥补德国的相当因果关系概念的缺陷。日本的民法理论采取的不是如法规目的说那样的修补方法，而是彻底舍弃了通过因果关系要件的法律性、规范性考察来限定责任范围的理念。二是在日本的侵权法理论中，所谓"完全赔偿主义"的理念并不深入，无论是理论还是司法实践，过错要件或者如违法性等其他要件所发挥的作用更为显著。因此，日本的侵

权法理论并没有坚持因果关系的法律性、规范性限定功能的必要
——平井宜雄教授显然觉得过错要件完全可以承担这一功能。三是
出于对构建"过错一元论"的需要。平井宜雄教授出于建立这种理
论的需要，一方面对各个构成要件的法律性评价功能进行了比较极
端的整合，另一方面也把对德国因果关系理论的批判当成一种反对
盲目继受德国民法理论的象征。

四、结语——日本因果关系理论的启示

笔者向来反对所谓"通过介绍外国先进法律制度，解决我国法
学理论难题"的研究方法。且不说外来的和尚未必就能念好经，南
橘北枳的教训也并不罕见。比较法真正的长处，应当是为我们提供
法学理论辩证发展的一些先例，给我们一些新的平台和路径提示，
同时减少我们摸索的成本。从这个角度而言，日本因果关系理论的
发展历程，可以给我们提供一些启示——而这些启示未必限于因果
关系理论本身。

首先，暂且抛开具体的理论问题，单就因果关系理论在日本的
发展而言，可以说这是德国民法理论在日本本土化的一个过程。尽
管时至今日，德国的因果关系理论依然在日本有着广泛的影响，但
是，就日本民法理论本土化过程中的努力和成果而言，日本确实比
我国做得更加深入。

以相当因果关系理论为例，日本学者不仅发现了其背后的完全
赔偿主义的背景，而且对这一背景与日本实体法律制度的结合与矛
盾进行了深度解读。[①]因此，日本侵权法中的因果关系理论并没有盲
目地选择相当因果关系理论这样的"通说"，而是选择了更加符合
日本实际情况的事实因果关系理论，并且在此基础上发展出了一套

---

① 关于这一问题，笔者为了避免本文内容过于冗长，淡化了一个理论背景：
事实上日本学者是从设定违约损害赔偿范围的日本民法第416条入手，对违约损害赔
偿和侵权损害赔偿与相当因果关系的关系展开的讨论。也就是说，日本学者对相当
因果关系的讨论是从宏观的债权法上的损害赔偿制度与完全赔偿主义的关系进行的
讨论。

旨在建立统一性法律评价体系的侵权法要件论理论体系（尽管大多数日本民法学者对这一理论体系是否得当持谨慎态度）。而与此相对，我国侵权责任法理论对完全赔偿主义的态度相当暧昧，实体法对完全赔偿主义的突破可以说是到了"视若无物"的地步。①在这种理论环境下，我国本应对相当因果关系理论有着更加清晰的认识，达到超越日本的突破程度才算正常。但是，现实中我国的民法理论不仅很少涉及相当因果关系理论的缺陷问题，对法规目的说等相关理论也基本停留在"介绍外国法律制度"的层面，在实务中的应用也并不多见。与日本相比，我国相关理论的发展并不落后，却明显暴露出了与既有理论衔接时的本土化、体系化工作的不足。

其次，限于篇幅，本文恪守基本问题意识，将论述的重点放在对日本因果关系理论构造及其背景的分析上，主要目的是为国内学者进一步的研究提供一些资料性文献，故而并未过多涉及我国的因果关系理论。但若谈到日本因果关系理论的现实意义等问题，不言及我国的问题恐怕也不妥当。

我国侵权责任法中的因果关系理论，目前基本以相当因果关系理论为通说，这一点应无异议。近年来，我国民法理论中也时有提及从相当因果关系理论基础上发展而来的法规目的说、合法则性条件说等理论。但是，在司法实践中，当出现因果关系要件成立与否的判断，以及侵权责任范围划定的问题时，目前的因果关系理论经常显现出捉襟见肘的窘境。

在笔者看来，这种因果关系要件的功能减弱现象，恰恰是过于强求因果关系要件的规范性功能的结果。正如叶金强教授在其《相当因果关系理论的展开》一文中指出的，因果关系要件在我国往往承担着法政策性评价的功能。②但是，在笔者看来，该功能是否应当由因果关系要件来承担，尚有待商榷。

无论是相当因果关系，还是法规目的说、危险性说等林林总总

---

① 关于该问题，周友军《侵权法学》（中国人民大学出版社2011年版）第62页以下，总结得比较全面。

② 同前注，叶金强文，第34页。

的因果关系学说，它们被创造出来的目的，不外乎是为划定责任范围提供一个尽量客观的、可操作的框架。而日本的事实因果关系理论，可以说是一个极端产物，在这个理论中，因果关系彻底退化成了事实判断，可谓"客观到了极致"。但是，当我们看到退化到事实判断的事实因果关系理论转而将责任范围内的判断问题推向了过错要件的时候，德国先贤们对完全赔偿主义的追求似乎瞬间变成了一个笑话。无论是"相当性"这个日渐模糊的概念，还是法规目的说转向"行政法规的保护目的"去探求民事责任范围的尝试，乃至于事实因果关系理论将责任范围的划定功能彻底推向一个综合性法律评价体系的自我限定，种种理论现象都向我们展示了一个事实：通过一个客观清晰的因果关系评价体系去准确划定责任范围的设想，或许只是一个不切实际的幻想。在司法实践中，法官基于各种民法基本原则以及价值性判断而得到因果关系成立抑或不成立的判断，往往也更无奈地显示出：各种因果关系理论，不过是通过"综合性考量"而得出法政策性判断的结论之后，对思维路径的一种正当化手段而已。民法理论所能够追求的现实目标，也只是对这些手段尽量进行更为准确的阐述和分类，让结论更具有说理性和可预测性，仅此而已。

从侵权责任要件的基本逻辑关系而言，各个要件在本质上是侵权责任成立判断的必要条件，实务中的各个要件均在某种程度上发挥着或多或少的责任限定的功能。那么，这里就隐藏着一个很现实的逻辑问题：为了追求实质正义而得到法政策性评价结论，我们是否要在每个要件中均设置这种法政策性、价值性评价的功能？很显然，我们为了追求实质正义而否定原告的诉讼请求时，当然没有必要否定所有要件的成立问题。但是，如果因果关系要件中蕴含着较为明显的法律评价性、规范性问题，那么为了彰显实质正义，我们有时候反而不得不做出否定因果关系要件成立的结论。可另一方面，这种出于法政策性、价值性评价的判断结论，往往很难把握和说明其技术性特征。正因如此，因果关系判断标准的模糊性问题，往往正是由于对其要件本身赋予了过多的"法律评价性"功能，带来了理论自身逻辑推导的困难。

笔者虽不太赞同日本平井宜雄教授的"过错一元论"学说，也对事实因果关系理论存有一些疑问，但比较认可日本事实因果关系理论所指出的一个问题：在法律性、规范性评价的问题上，过错（抑或违法性等）要件，比因果关系概念更加适合作为这种评价的平台。一言以蔽之，如果侵权责任成立与否的判断中存在价值性、法政策性判断力量，那么天然具有这一性质的过错（抑或违法性等）要件，比因果关系要件更具有说理性。

父母惩戒权在日本民法上的展开
——全面禁止体罚的确立

刘　伟[①]

一、引言

2017年7月，国际NGO组织儿童支援专门机构——救助儿童会（日本）以2万个成年人为对象，就日本成年人对体罚的认识及日本社会体罚实态展开调查。[②]调查显示，认可对子女管教而施以体罚的人数约为总人数的60%；有孩子的家庭对孩子实施过体罚的占70%左右。由此可见，体罚在日本社会中，既得到了普遍认可，也普遍存在。联合国儿童权利委员会第8号、第13号一般性意见就《儿童权利公约》第19条、第28条第2款、第37条规定做出详细解释，明确提出："体罚和其他残忍或有辱人格形式的惩罚都是暴力形式，各国必须采取一切适当的立法、行政、社会和教育措施来消除这些行为。"儿童权利委员会强调，《儿童权利公约》要求废除所有关于在家庭内或在其他任何情况下，允许对儿童采用某种（例如，"合理""轻微"惩罚或"纠正"）程度的暴力的规定。[③]

① 刘伟，日本早稻田大学法学研究科博士研究生，山东省平邑县人民法院干部。
② 参考セーブ・ザ・チルドレン・ジャパン「子どもに対するしつけのための体罰等の意識・実態調査結果報告書」https://www.nichibenren.or.jp/document/opinion/year/2015/150319_4.html，2021年3月16日访问。
③ 联合国儿童权利委员会通过的第8号一般性意见：儿童受保护免遭体罚和其他残忍或不人道形式惩罚的权利，https://undocs.org/pdf?symbol=zh/A/63/41，2021年3月16日访问；第13号一般性意见：儿童免遭一切形式暴力侵害的权利，http://www.humanrights.cn/html/2014/6_1202/3478.html，2021年3月16日访问。

　　基于此，作为防止儿童虐待措施的一环，日本政府于2019年对《防止虐待儿童法》《儿童福祉法》进行了修改，明确全面禁止体罚。同年12月3日，厚生劳动省（日本负责医疗卫生和社会保障的主要部门）发布了关于"体罚"范围及禁止体罚的指导意见。

　　另外，受法国民法的影响，日本民法始终保留父母在监护教育上拥有惩戒权的规定。日本民法经过几次修改，对父母惩戒权的规定越来越简洁、模糊。现行民法第822条规定"在必要范围内"父母可以行使惩戒权，但对其程度、手段却没有规定，处于任由父母自行处置的状态。[①]父母惩戒权究竟与体罚有着怎样的关联，学界和司法实践对此观点不一，既有容忍暴力、肯定体罚的观点，也有批判体罚是借惩戒之由、行虐待之实的行为，否定体罚正当性的观点。

　　本文以日本全面禁止体罚为背景，介绍日本民法中父母惩戒权的历史沿革，探讨父母惩戒权与体罚的关系，关注父母惩戒权的改革动向及留存课题，以期为我国全面禁止体罚等儿童权益保护措施的实施提供启示。

二、父母惩戒权的沿革

（一）民法第一次草案

　　颁布旧民法之前，日本有关亲子关系的法律规范主要以父母对子女的支配权和惩戒权为中心。父母可以苛虐子女，可以对子女恣意实施惩戒，而子女有义务遵从父母的命令，不得反抗。子女侍奉、孝敬、顺从父母，被誉为美德。

　　明治政府聘请法国民法专家博瓦索纳德进行日本民法的编纂工作。由于当时日本社会受儒家孝道思想及律令法的影响，为兼顾传统社会习俗，日本官员负责起草家族制度部分（民法第四编、第五编）。在继受多部民法草案的基础上，矶部四郎、熊野敏三等司法官员起草了《旧民法人事编第一草案》，该草案废除了户主制度，

---

① 小口恵巳子「旧民法における親の懲戒権」法社会学60号（2004年）167頁。

首次使用"亲权（父母教育子女的权利）"一词，规定亲权的范围限定于未成年子女，承认在婚姻存续期间，父亲不能行使亲权时，母亲可代为行使，并首次对亲权的丧失做出规定。

《旧民法人事编第一草案》与法国民法相比，区别最为明显的当属父母惩戒权的相关规定。从法条数量上来看，与法国民法中父母惩戒权的规定占据亲权规定的中心位置不同的是，《旧民法人事编第一草案》中关于父母惩戒权的规定只有三条，其内容被极大地压缩、简化，这表明惩戒权不再是亲权的主要内容。由父母可以共同行使亲权，承认母亲也享有惩戒权可知，亲权的行使已经从父权独占的意识中解放出来，同时承认惩戒权是亲权的一般性权利。更值得关注的是，该草案第243条规定"父母对其子女有惩戒的权利，但不得过度惩戒"，出于父母对子女的教育义务而赋予父母惩戒的权利，同时又进一步限制父母的权利，这是日本民法史上首次对亲权进行限制。但是，父母的惩戒是否为过度惩戒，其以"一国的风俗及开化程度[①]"为依据，交由法官判断，可见过度惩戒的标准并不明晰。《旧民法人事编第一草案》被评价为将近代法原理淋漓尽致地贯穿于整部家族法之中，是一部反传统的市民法草案。[②]其中，惩戒权的相关规定被日本学界认为是现行民法典中父母惩戒权的原型，为探讨父母惩戒权中体罚的正当性等问题提供了重要依据。

（二）旧民法

在"恢复日本实际惯例，摈除一切西洋宗教思想"基本方针的指导下，元老院（日本明治初期政府的立法机关）对民法人事编草案做出重大修改。其中涉及亲子关系调整的是，亲权的行使范围扩大至所有子女。受"子女应遵从父母的命令"等传统道德的影响，亲生父母的亲权丧失的相关规定被全部删除，仅保留对嫡母、继父母、监护人的亲权丧失等规定。此次修改，强化了父母的权利，尤

---

①　小口惠巳子『親の懲戒権はいかに形成されたか——明治民法編纂過程からみる』（日本経済評論社、2009年）96頁。
②　参考向井健「民法典の編纂」福島正夫編『日本近代法体制の形成下巻』（日本評論社、1982年）377頁。

其是亲生父母的权利，[①]父母义务的法律属性被大大弱化。

旧民法对父母惩戒权进行了若干修改，删除了《旧民法人事编第一草案》第244条第2款的惩戒程序，不论未成年子女年龄多大，对其惩戒期限统一修订为不超过六个月。与之前区分十六岁以下和十六岁以上，分别适用不同惩戒期限相比，此次修改使对低龄未成年人的惩戒变得更加苛刻。对拘禁未成年子女，由向地方法院院长申请改为向地方法院申请。亲权范围的扩大以及亲权丧失制度的废止，使父母惩戒权的实质效力被扩大和强化，[②]对父母惩戒行为没有了制裁，失去了对父母权利的限制，即使但书中规定了"不可过度惩戒"，也形同虚设。

（三）民法第二次草案（新民法）

旧民法出台伊始，被指责只顾照搬照抄西方近代法典，有违日本社会风俗，遭到了强烈反对。在此背景下，1893年明治政府组成法典调查会，委任穗积陈重、梅谦次郎、富井政章等学者在旧民法的基础上编纂新的民法典。1898年6月，明治政府首先通过了亲属、继承两编，随后，在当年的7月16日，民法典正式实施，这就是日本沿用至今的明治民法。

明治民法中关于父母惩戒权的大部分规定继受旧民法的规定，不同的是明治民法删除了但书中"不得过度惩戒"的说法，改采用"必要范围内"的说法。子女范围仍扩大至成年人，这与监护教育的对象为未成年人是不一致的，这说明惩戒的性质并不仅是监护教育。对子女实施拘禁，删除了"有重大不满事由"等要件。删除了"子女对法院判决享有抗告权"的部分，而子女抗告权是旧民法中唯一对子女权利的规定。[③]明治民法将其删除，可以认为是对子女权益保护的倒退。同时，明治民法删除了"父母可延长或缩短拘禁时

---

① 小口恵巳子『親の懲戒権はいかに形成されたか―明治民法編纂過程からみる』（日本経済評論社、2009年）117頁。

② 小口恵巳子『親の懲戒権はいかに形成されたか―明治民法編纂過程からみる』（日本経済評論社、2009年）117頁。

③ 小口恵巳子『親の懲戒権はいかに形成されたか―明治民法編纂過程からみる』（日本経済評論社、2009年）163頁。

间"的规定，这对亲权行使起到一定的限制作用。

（四）1947年民法修改

1945年第二次世界大战日本战败，1946年日本颁布新宪法，1947年日本进行民法等法律修改以适应新宪法的要求。此次家族法修改主要是以废除"家"制度、实现父母亲权的平权为目标，以彰显宪法规定的个人尊严和两性平等。亲子法改动的主要内容为废除户主权限，亲权的对象范围限定于未成年人，废止父权优越性和对母亲实行亲权限制的规定，增加离婚后亲权归属、管理权辞退后的恢复等规定。[①]对父母惩戒权的规定几乎全部继受明治民法，没有任何实质性的修改。

（五）2011年民法修改

随着儿童被虐待情况的不断加剧，保护儿童合法权益的呼声日益高涨。2011年，日本政府以优先考虑子女利益原则为指导，对子女监护教育、离婚后子女监护事宜以及管理权丧失等部分民法条款做出修改；具体规定了亲权丧失的条件，扩大了请求亲权丧失的申请人范围；新设亲权中止制度，增加了关于未成年人的监护人的选任条件[②]和监护人可为多人的规定。此次亲权法修改贯彻"儿童利益最大化"原则，是亲权由父母权利转化为父母义务的一次重要的法律修改。

关于父母惩戒权的修改，删除了第822条关于"惩戒所"等强制拘禁的规定。自明治民法以来，惩戒所设施就已不复存在，删除相关法条在情理之中。值得一提的是，在此次修改建议稿中，多数专家建议删除第822条，理由是第820条为人身监护权的一般规定，已然包含第822条父母惩戒权的功能。即便没有第822条的规定，父母

---

① 参见平田厚「わが国における親権概念の成立と変遷」法科大学院論集第4号（2008年）202頁。

② 日本现行民法实行父母监护（日语表述为"親権"）与第三人监护（日语表述为"後見"）区分的模式。此处指第三人监护。

也同样承担对子女的监护教育义务。[①]虽然如此，但日本政府担心删除该规定的话，民众可能会误解成不能对子女进行正当管教，以"还需结合亲权其他规定综合考虑"为由，最终没有删除父母惩戒权的相关规定。

三、父母惩戒权的解释论

（一）法律性质

亲子法制度经历了由"家本位"到"父母本位"再到"子女本位"的变革过程，亲权的法律性质使原先父母对子女的控制，转化为父母对子女的监护和教育，[②]更加强调父母的义务。与此同时，作为亲权之一的父母惩戒权的性质也随之改变。

利谷信义认为旧民法中的亲权是父母对子女的支配权，惩戒权的制定虽然是以父母对子女实施管教为目的，却也有一定的进步性，但其本质仍是对亲权的担保。[③]田边俊治、有地亨认为明治民法中的父母惩戒权是维护封建家长制的一种手段。[④]无论是旧民法，还是明治民法，父母惩戒权的性质都被认为带有浓厚的家长制色彩。1947年民法修改，因第818条亲权的对象范围被限定为未成年人，所以父母惩戒权的行使对象范围也被限定为未成年人。这可以侧面证明父母惩戒权是出于监护和教育的目的而存在的。[⑤]现行民法第822条明确规定，应在监护和教育的前提下，在必要范围内实施惩戒。惩戒权的法律性质有了明确规定，是父母履行监护教育义务。

---

① 二宮周平『家族法（第5版）』（新世社、2019年）235頁。

② 参见広井多鶴子「親の懲戒権の歴史——近代日本における懲戒権の『教育化』過程」教育学研究63卷2号（1996年）123頁。

③ 利谷信義「親と教師の懲戒権」日本教育法学会編『日本教育法学会年報4号』（有斐閣、1975年）194-196頁。

④ 田辺俊治「＜親の懲戒権＞に関する一考察:戦後家族法の分析を通して」日本教育行政学会編『日本教育行政学会年報 7 教員研修の諸問題』（教育開発研究所、1981年）；有地亨「親の懲戒権と教師の懲戒権」季刊教育法27号（1978年）83頁。

⑤ 白須真理子「民法822条における親権者の懲戒権—改正の議論を理解するために」法学セミナー781号（2020年）3頁。

另外，有学者认为惩戒权作为父母对子女的教育手段之一，其根本目的是维护国家利益。[①]当亲权滥用时，亲权丧失、亲权中止等制度的设立，是国家明确亲权介入合法化的体现。作为亲权的下位概念，全面禁止体罚宣告了国家对父母惩戒权的限制，既能保护未成年子女的利益，又起到维护国家公共利益的作用。

（二）惩戒与体罚的关系

1.惩戒与体罚的概念

法学界对"惩戒"的解释是，以对子女的监护教育为目的，为矫正其不良行为，对其身体、精神施加痛苦的一种方式，[②]多采取打，骂，掐，拧，捆绑，禁食，关进壁橱、仓库等手段。[③]日本国内法律对"体罚"没有明确定义，因此，笔者采用联合国《儿童权利公约》中对"体罚"的定义：体罚是指对"身体"或"肉体"的惩罚，是任何运用体力施加的处罚，且不论程度多轻，都旨在造成某种程度的痛苦或不舒服。大部分情况下是用手或某一器具——鞭子、棍棒、皮带、鞋、木勺等打（拍打、打耳光、打屁股等）儿童；也可涉及踢打、摇晃或投掷器物击打儿童，抓、捏、咬儿童，强迫儿童做不舒服的姿势，对儿童进行烙烫或强迫其吞咽等（例如，用肥皂清洗儿童的嘴，或强迫儿童吞咽辛辣作料）。体罚的程度虽有不同，但总是有辱人格的。此外，还有其他一些也是残忍、有辱人格的非对人体进行的惩罚，也是违反《儿童权利公约》的行为。这些惩罚包括贬低、侮辱、替罪、威胁、恐吓或者嘲讽儿童等。[④]

从目的来看，惩戒的出发点是管教子女，而体罚并没有出于任

[①] 　参见広井多鶴子「親の懲戒権の歴史——近代日本における懲戒権の『教育化』過程」教育学研究63巻2号（1996年）124頁。

[②] 　和田于一『親子法論』（大同書院、1935年）590頁；角田幸吉『日本親子法論』（有斐閣、1941年）487頁；中川善之助『注釈親族法（下）』（有斐閣、1952年）53頁。

[③] 　於保不二雄＝中川淳編『新版注釈民法（25）親族（5）』（有斐閣、1994年）116頁。

[④] 　联合国儿童权利委员会通过的第8号一般性意见：儿童有受保护而免遭体罚和其他残忍或不人道形式惩罚的权利。https://undocs.org/pdf?symbol=zh/A/63/41，2021年3月16日访问。

何目的，可以认为体罚的范围更广泛。从手段和结果上来看，日本民法规定的父母惩戒权出于有形力，和国际公约中规定的体罚并没有明显区分。按照上述国际公约中对体罚的解释以及日本国内对父母惩戒的规定，从两者目的不同的角度分析，可认为体罚和惩戒是包含与被包含的关系（如图1所示）。

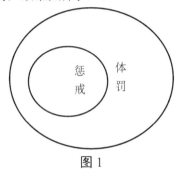

图 1

2．学说

惩戒与体罚的关系可以追溯到近代日本民法确立之时，可从亲权剥夺规定的立法背景中得出线索。根据《旧民法第一草案》解释书的记载，起草者认为"打掷[①]"属于过度惩戒的一种形式，属于亲权滥用的范围，因此可以请求剥夺亲权。[②]《旧民法第一草案》虽然没有全盘否定体罚的存在，但是"打掷"作为体罚的一种，被认为是不包含在惩戒范围之内的。[③]

随着旧民法中亲权丧失制度的消失，父母惩戒权没有了规制，体罚逐渐与惩戒融合，从而使原本作为亲权丧失宣告对象的"打掷"变得不再有意义，更没有其他明确禁止体罚的规定。这意味着旧民法对体罚的限制趋于和缓。

明治民法继承了旧民法关于惩戒权的规定，不但没有明确提出禁止体罚，连梅谦次郎等先进派都认为亲权人可以"打掷"子女。

[①]　日语原文为"打掷"，《广辞苑》（岩波书店、2008年版）中的解释为用拳头、棍棒等用力地击打、殴打。本文沿用日语的说法。

[②]　小口恵巳子『親の懲戒権はいかに形成されたか——明治民法編纂過程からみる』（日本経済評論社、2009年）101頁。

[③]　小口恵巳子『親の懲戒権はいかに形成されたか——明治民法編纂過程からみる』（日本経済評論社、2009年）102頁。

即便父母殴打子女涉嫌伤害罪，也不是导致其亲权丧失的理由。[①]

（1）体罚肯定论

近代以来，学术界权威的说法认为父母惩戒权中包含体罚。中川善之助认为，如果对未成年人的训诫不足以达到教育目的的话，在必要范围内可以实施惩戒。[②]一定程度的叱责、殴打等作为个别惩戒，被认为是在父母惩戒权许可的范围之内的；父母惩戒被认为包含体罚，即对子女的身体施加一定痛苦的有形力。[③]

（2）体罚否定论

大村敦志认为亲权人可以对子女实施管教，不过，与惩戒（correction）的情况不同，管教不包括“暴力（violence）”的行使，要“尊重（respect）”子女的人格。[④]也就是说，作为暴力行为的体罚是有别于惩戒的。

（3）日本政府的观点

2017年、2018年日本法务省在国会答辩时认为：“行使惩戒权是不是允许体罚，体罚的定义到底怎么把握，这两者的关系很难一概而论。”但是可以明确的是，体罚的定义和核心内容是对儿童造成痛苦和身心侵害，所以即使使用了有形力，但是并没有造成儿童痛苦和身心侵害的话，也不能称之为体罚。[⑤]

另外，日本父母在监护、教育范围内享有惩戒权的规定，一直

---

① 梅謙次郎『民法要義卷之四親族編』（有斐閣、1984年）355頁。

② 前田陽一ほか『民法VI　親族・相続（第5版）』（有斐閣、2019年）173頁；中川善之助『注釈親族法（下）』（有斐閣、1952年）53頁。

③ 於保不二雄＝中川淳編『新版注釈民法（25）親族（5）』（有斐閣、1994年）115頁。

④ 大村敦志「民法読解　親族編」（有斐閣、2015年）256頁。

⑤ 第190回国会衆議院厚生労働委員会「会議録第18号」金子修発言（2016年5月18日）9頁，https://kokkai.ndl.go.jp/#/detailPDF?minId=119004260X01820160518&page=9&spkNum=29&current=-1，2021年3月22日访问；第193回国会「会議録第23号」盛山正仁発言（2017年5月26日）20頁，https://kokkai.ndl.go.jp/#/detailPDF?minId=119304260X02320170526&page=20&spkNum=114&current=-1，2021年3月22日访问。值得一提的是，2000年修改《儿童虐待防止法》的最初审议，法务省民事局长认为“惩戒权中可以包含体罚”，如果实施体罚能有很好的教育效果的话，那么体罚是可以被接受的。

以来被联合国所诟病。对于联合国的指责，日本政府的回应是：《学校教育法》第11条、《防止虐待儿童法》第14条明确规定禁止体罚，《儿童福祉法》第47条赋予儿童福祉设施负责人以民法上的惩戒权，虽然没有明确禁止体罚，但是从儿童福祉设施最低标准第9条第3款的解释来看，也是禁止体罚的，因此，民法上的父母惩戒权和禁止体罚并不冲突。①民法规定，父母可以在必要的范围内对子女进行惩戒，这是监护人为了矫正子女的不良行为和过失，而对其进行的正确引导，以及在必要且相当的范围内对子女进行的惩罚，这与体罚是两个不同的概念。②由此可见，日本政府着重强调父母惩戒与体罚的区别，承认父母惩戒权的合理性，又明确禁止体罚。

3. 承认体罚的判例

（1）大审院（最高裁判所）明治37年2月1日判决③中，父亲对未成年的儿子进行了捆绑、殴打、拘禁。大审院认为："法律承认，亲权人在实施惩戒权时，在必要情况下对子女予以捆绑、监禁或者殴打。"只要父母没有超出必要的范围，监禁、捆绑、殴打等惩戒行为都是法律所允许的，而且根据"父母的社会地位、子女的性情、要矫正行为的种类和性质等，所采取的惩戒手段的宽严，视具体情况而定，没有一般标准"。对于除了引起儿童身体伤害以及健康问题的，或者使用非常残酷的手段的，其他使用有形力的体罚都被许可。这是在实务中首次对体罚予以明确承认的判例。有学者认为，这相当于承认法律在"必要范围内"对体罚的允许，是体罚正当化的体现。④

（2）札幌高裁函馆支部昭和28年2月18日判决⑤中，父母以管教

---

① 参见《儿童权利公约》第3次日本政府报告（日语版）（2008年4月）54-55页，https://www.mofa.go.jp/mofaj/gaiko/jido/pdfs/0804_kj03.pdf，2021年3月22日访问。

② 参见联合国人权理事会UPR第2次日本政府报告（日语版）（2012年7月）10页，https://www.mofa.go.jp/mofaj/gaiko/jinken_r/pdfs/report_upr_1207_jp.pdf，2021年3月22日访问。

③ 大審院刑事判決録10輯2号（1904年）122頁。

④ 石田文三「懲戒権の改正について」アディクションと家族28巻1号（2011年）23頁。

⑤ 高等裁判所刑事判例集6巻1号（1953年）128頁。

之名，殴打年满2岁的体弱多病的养子。虽然判决结果是父母实施惩戒权超出了必要范围，被判处暴行罪，但是法院认为，以监护教育为目的，父母在必要范围内可以对未成年人施以"打掷"。换言之，体罚作为一种惩戒行为，在必要范围内是被承认的。

（3）水户地裁昭和34年5月25日判决[①]中，父亲为纠正未成年儿子的偷窃习惯，用铁丝绑其手，并将其囚禁于衣橱内两日。判决认为，对身体、自由的侵害只要遵循宪法精神，在社会一般观念的范围内是有必要的。二审东京高裁昭和35年2月13日判决[②]传达出的信息也与一审判决毫无二致："并不是在所有场合都必须禁止体罚。"

四、父母惩戒权的立法论：民法第822条的修改动向

（一）修改背景

联合国儿童权利委员会就保护儿童权利实施状况对《儿童权利公约》缔约国进行审查，于1998年、2004年、2010年，先后三次建议日本政府禁止任何情况下的体罚；在2019年2月的第四次、第五次合并定期报告书中，更提出建议：在《防止虐待儿童法》《民法》中明确全面禁止体罚。除此之外，2008年、2013年联合国人权理事会，2013年5月联合国禁止酷刑委员会以及2014年7月联合国人权事务委员会均展开审查，反复劝告日本政府应明文禁止任何情况下的体罚。世界卫生组织（WHO）、国际防止虐待和忽视儿童协会（ISPCAN）、世界医学会（WMA）、国际儿科协会（IPA）、日本防止虐待儿童协会、日本儿科医学会等众多团体要求禁止包含家庭在内的任何情况下的体罚。2017年1月，日本政府表示接受联合国儿童权利委员会的劝告，并在国内积极推进该建议的落地。

另外，近年来，频繁曝光的虐待儿童案件，震惊了日本国内。2018年3月，东京都目黑区5岁女孩被生母虐待致死；2019年1月，千

---

① 家庭裁判月报11卷9号（1959年）98页。
② 下级裁判所刑事裁判例集2卷2号（1960年）113页。

叶县野田市10岁女孩被生父虐待致死；2019年6月，北海道札幌市2岁女孩因饥饿衰弱致死。2019年，日本各省市设立的处理有关违法犯罪少年问题的机构（儿童福利专门行政机关）接收虐待儿童相关案件数为159 850件，约是1999年的13.7倍。①施虐者中排名第一位的是亲生母亲，占47%；第二位为亲生父亲，占41%。2014年至2019年的数据表明，每年虐待儿童的亲生父母人数占虐待儿童的总人数的比例都在85%以上，②其中不乏亲生父母以管教子女之名，行虐待之实的情况。

在此背景下，2019年6月19日，日本国会通过了《为强化防止虐待儿童对策对儿童福祉法等法律的修改》（令和元年法律第46号，以下简称"令和元年修改法"）。《防止虐待儿童法》第14条第1款规定，禁止亲权人在管教儿童时使用体罚方式，禁止超出民法第820条规定的必要范围对儿童实施惩戒。与此同时，《儿童福祉法》规定，儿童福利机构负责人、寄养家庭的临时监护人可采取必要的监护、教育和惩戒措施，但不得对儿童实施体罚。

（二）法制审议会的讨论

既然《防止虐待儿童法》《儿童福祉法》已然全面禁止体罚，那么民法上的父母惩戒权也应该是不包括体罚的。③基于此逻辑，在令和元年修改法的讨论过程中，有学者提出民法上的父母惩戒权也不能对子女实施体罚，并且要明确体罚的范围。④虽然，此次法律修改没有修改民法上的父母惩戒权的相关规定，但是在附则中追加了

---

① 厚生劳动省「児童虐待防止対策の状況について」，https://www.mhlw.go.jp/content/11920000/000536278.pdf，2021年3月22日访问。

② 厚生劳动省「平成30年度福祉行政報告例の概況」，https://www.mhlw.go.jp/toukei/saikin/hw/gyousei/18/dl/gaikyo.pdf，2021年3月22日访问。

③ 法制审议会民法（亲子法制）部会第2次会议「懲戒権に関する規定の見直しについての検討（1）」2頁（2019年9月10日），http://www.moj.go.jp/content/001305374.pdf，2021年3月16日访问。

④ 法制审议会民法（亲子法制）部会第6次会议「懲戒権に関する規定の見直しについての検討（二読）」2頁（2020年2月4日），http://www.moj.go.jp/content/001314369.pdf，2021年3月16日访问。

内容："以该法律实施两年为目标，政府讨论民法第822条相关情况，认为有必要时，根据其结果采取必要措施。"可见，修改父母惩戒权已经是"箭在弦上"了。

2019年6月，法制审议会设立民法（亲子法）分会，审议父母惩戒权、嫡出推定等法律修改问题。

以下是截至2020年7月，民法（亲子法）分会共召开的十一次会议中有关父母惩戒权的议案。

父母惩戒权的修改方向主要有三种：（1）删除父母惩戒权的相关规定；（2）修改"惩戒"用语的表述；（3）保留父母惩戒权，但明确禁止体罚，禁止超出必要范围的惩戒。①

此外，关于修改父母惩戒权的其他讨论事项有：（1）考虑亲权者是否能实施正当的管教；（2）修改父母实施惩戒权时应注意的问题；（3）民法第822条与第821条、第823条的关系。关于问题（3），民法第822条的父母惩戒权是民法第820条的一般权利义务的具体体现，同民法第821条住所指定权、第823条职业许可权一样，都处于第820条的下位。如果删除第822条规定的话，也要进一步厘清第821条、第823条与第820条的关系。②

就以上三种观点，在第10次法制审议会上，专家学者对民法第822条提出以下三个修改议案③：

［甲案］　删除民法第822条；

［乙案］　以第820条规定的监护教育为目的，亲权人可对子女实施必要的指示和指导，但不得施以体罚。④

［丙案］　亲权人在实施第820条规定的监护教育时，不得对子女施

---

① 法制审议会民法（亲子法制）部会第1次会议「民法（親子法制）の見直しにおける主な検討事項」2頁（2019年7月29日），http://www.moj.go.jp/content/001301534.pdf，2021年3月16日访问。

② 法制审议会民法（亲子法制）部会第1次会议「民法（親子法制）の見直しにおける主な検討事項」8-9頁（2019年7月29日），http://www.moj.go.jp/content/001301534.pdf，2021年3月16日访问。

③ 法制审议会民法（亲子法制）部会第10次会议「懲戒権に関する規定の見直しについての検討（三読）」1-3頁（2020年9月8日），http://www.moj.go.jp/content/001328626.pdf，2021年3月16日访问。

④ 法制审议会民法（亲子法制）部会第6次会议提出的乙案为："行使亲权者可根据第820条的规定，在监护和教育的必要范围内对儿童进行管教（尊重儿童人格的管教）。"

以体罚。①

此外，为了防止责骂、羞辱等精神暴力对儿童人格的侵害，第820条增加"为了儿童的利益"的表述，即禁止体罚的同时，禁止体罚以外的所有暴力行为。

以上三个提案的解释如下：

（1）甲案观点

现行法中，亲权人对子女的监护、教育已在民法第820条中做出规定，第822条所规定的亲权人行使的权利依然是在必要范围内对子女实施监护、教育。因此，第822条已经没有独立存在的价值，没有必要再单独对父母惩戒权加以规定，建议删除民法上关于父母惩戒权的规定。

（2）乙案观点

首先，"惩戒"一词给人一种"允许打孩子"的印象，很容易被认为包含体罚的意思，有可能误导不具备专业知识的人；其次，"管教"的具体内容无明确规定，这就导致亲权人无法很好地区分"管教"和"体罚"，更有甚者以"管教"之名，实施虐待行为；最后，假定"可以进行管教"，那么没包含在"管教"之中的行为就不能被判定为监护教育的行为，这恐怕也是不合适的。②

鉴于以上情况，法制审议会民法（亲子法制）分会第6次会议，就乙案观点征求语言专家的意见，将"惩戒"一词改为"训育"。在采纳第6次会议乙案、丙案观点的基础上，第10次会议将"训育"修改为"指示及指导"，并以但书的形式，沿用丙案所规定的"禁止体罚"。

（3）丙案观点

父母惩戒权的规定依然保留，但不使用"惩戒"的表述，且明确禁止范围。

从比较法的角度看，德国民法典与法国民法典之前都规定了父

---

① 法制审议会民法（亲子法制）部会第6次会议提出的丙案为："行使亲权者在根据第820条规定进行监护和教育的过程中，应尊重儿童的人格，不得实施体罚。"

② 法制审议会民法（亲子法制）部会第6次会议「懲戒権に関する規定の見直しについての検討（二読）」4頁（2020年2月4日），http://www.moj.go.jp/content/001314369.pdf，2021年3月16日访问。

母惩戒权。德国民法典于2000年删除父母惩戒权的相关规定，并规定儿童有不受暴力地接受教育的权利。法国民法典于1958年删除父母惩戒权的相关表述，2019年民法典明确规定当亲权人行使亲权时，不得对儿童使用身体暴力和精神暴力。虽然德、法两国都删除了父母惩戒权的相关表述，但是在一定范围内依然承认亲权人行使惩戒的权利。[①]

（三）基本课题：全面禁止体罚的确立

体罚和惩戒之间的模糊界限，依然是本次法律修改的困难之处。一个普通人并不能快速判断除打、骂之外的何种手段算是惩戒而不是体罚。比如，当孩子不听话时，父母经过苦口婆心的教育，依然未能达到良好效果，而把他关在家里让其反省，究竟是算体罚还是惩戒呢？

由于体罚和惩戒的概念模糊，导致亲权人不能很好地加以区分，有些虐待儿童的案件也是借由父母惩戒之名而引发的。由于日本民法第822条的存在，阻碍了儿童相谈所（日本的儿童保护专业机构）的及时介入，这实际上违背了"儿童利益最大化"原则。此外，第820条明确规定父母对子女有监护教育的权利，这是人身监护权的总括性规定。正如二宫周平教授所言，即便删除了其下位的父母惩戒权，也不影响父母对子女负有监护教育的义务，更不会导致日本政府所谓的"普通民众不知道怎么管教子女了"。

立法者在全面禁止体罚的法律修改过程中，相较于事后救济，应始终强调前期干预大于事后惩罚。就亲子关系而言，相较于国家介入，对未成年人的援助、对体罚的早期干预更应该放在优先考虑的位置。[②]在社会法范围内，对亲权人及未成年人进行援助，可有效减少国家对家庭的干预；当侵害程度超出社会法规制时，以司法机

---

① Bonnet,supra note 1,m.247,p.158转引自石绵はる美「懲戒権に関する調査（フランス）」5頁，http://www.moj.go.jp/content/001315968.pdf，2021年3月16日访问。

② Wiesner,Zur gemeisamen Verantwortung von Jugendamt und Familiengericht für die Sicherung des Kindeswohl,Zfj 2003,S.123,Rotax,aaO.S.255转引自岩志和一郎「暴力によらずに教育される子の権利——ドイツ民法のアピール」早稲田法学80巻3号（2005年）15頁。

关为代表的国家方可介入。教育引导是法律的重要机能之一，日本民法学家棚村政行教授指出，全面禁止体罚，首先要对尊重儿童权利、禁止体罚的教育方式进行普遍的启发、教育、援助。除此之外，还要定期对包含体罚在内的针对儿童的暴力行为展开事态调查，在结果分析的基础上，有针对性地采取相关对策。

五、结语

调查显示，北欧部分国家率先制定了全面禁止体罚、删除父母惩戒权等规定，严重体罚、虐待、暴力等案件有了大幅减少。在芬兰，受过父母轻度体罚的儿童比例从1988年的72%，下降到2008年的32%；受过严重体罚的儿童比例从1988年的8%，下降到2008年的4%。在瑞典，1981年受过体罚的儿童比例约为总人数的18%，2011年减少到2%；从未受过体罚的儿童比例从17%上升到77%。在德国，1996年认可体罚的成年人占调查总人数的83%，2008年减少到25%；实施体罚的父母总人数从1996年的"三人中有一人"，减少到2008年的"四人中有一人"；受过体罚的儿童比例从1992年的58%，下降到2011年的36%。此外，在体罚容忍率低的国家，因养育不当导致儿童死亡的比例也相应降低。[①]

随着社会的发展，法律的滞后性使得父母惩戒权的内容并不能更好地服务社会。在"儿童利益最大化"观念深入人心的现代社会，应及时调整不再适宜社会发展的法律规范。只有不给未成年人权益侵害留有任何一丝模糊地带，才能最大限度地保护未成年人。

---

① Global Initiatives to End All Corporal Punishment of Children, The positive impact of prohibition of corporal punishment on children's lives: messages from research, http://endcorporalpunishment.org/wp-content/uploads/research/Summary-of-research-impact-of-prohibition.pdf，2021年3月22日访问。

日本被遗忘权课题的最新进展

付彦淇[①]

一、被遗忘权课题的提出

2014年"谷歌诉西班牙数据保护局案"是早期的关于被遗忘权的案例。此后《通用数据保护条例》（GDPR）第17条规定了被遗忘权（right to be forgotten）[②]的相关制度。正是参照了欧洲关于被遗忘权的司法实践和理论，日本学界开始关注被遗忘权。虽然，日本被遗忘权案（确切地说，是尚未确立被遗忘权的最高裁案件）引发了对如何界定被遗忘权、如何确立被遗忘权的热议，但不得不指出的是，以日本目前的司法实践和立法状况，还无法达到确立被遗忘权的程度。因此，或可通过"被遗忘权课题"这一发展式的命题，对被遗忘权的确立寄予期待。本文通过对被遗忘权课题的探讨，试图在司法实践和现行法律体系背景下，结合近期宪法学理论和法律修改状况，阐明被遗忘权理论的最新发展情况。

（一）被遗忘权案与"明确性基准"

在网络侵权判例中，原告请求不公布搜索结果或删除搜索结果

[①] 付彦淇，日本大阪大学法学研究科博士研究生。

[②] 《通用数据保护条例》（GDPR）第17条表示为删除权（"被遗忘权"）。参见https://gdpr-info.eu/art-17-gdpr/，2021年2月1日访问。

（本文一概用"消除"）间接地反映了被遗忘权诉求。但是明确以被遗忘权为审理依据的最典型的判例是2015年6月25日埼玉地方裁判所的裁定。

本案的基本情况为，在谷歌搜索引擎公布的搜索结果中，有原告3年前因"买春"行为而被逮捕的新闻报道。原告以该报道内容提及其个人姓名、住址等信息为由，请求消除搜索结果。本案一审埼玉地方裁判所认为，罪犯回归社会的权益也应当受到保护。虽然该犯罪事实已被公开报道过，但是经过一段时间后，过去的犯罪事实也有必要被社会遗忘，即原告拥有在社会上被遗忘的权利。2016年7月12日，东京高等裁判所认为被遗忘权在现行法律中尚无明文规定，以其要件和效果不明确为由，否定了被一审承认的被遗忘权。2017年1月31日，本案终审最高裁判所完全没有提及被遗忘权的概念，仅用个人隐私权的特点考察了"该事实的性质和内容、该互联网链接等提供的内容涉及当事人真实隐私的范围和具体的被害程度、当事人的社会地位及影响力、上述文章所传达的目的和意义、上述文章被报道时社会的状况及其之后的变化、上述文章中该事实记载的必要性"等事项。最高裁判所通过利益衡量认为，不公布该事实不具备明显优于应当公布该事实的法益，故裁定本案的搜索结果没有消除的必要。[①]

因此，上述日本的被遗忘权案并未超出判断侵权行为的一般形式：以认定是否侵犯具体人格权为主，通过具体的利益衡量提出判断基准，即通过"明显优于"的裁量，执行了更为严格的"明确性基准"。从本案结论上看，最高裁判所将被遗忘权的概念之争搁置于审理之外，事实上没有直接认定被遗忘权。最高裁判所考虑了消除搜索结果，却没有考虑消除信息来源，这就使本应寻求"被遗忘"效果的被遗忘权的适用情形仅发生在以谷歌为例的信息流通方式上。

---

① さいたま地决2015年6月25日、さいたま地决2015年12月22日、東京高决2016年7月12日、最决2017年1月31日判例時報2328号10頁。

（二）被遗忘权与现行法律制度

作为经济合作与发展组织（OECD）的加盟国，日本在对保护隐私权和个人信息进行立法时，遵循了OECD对保护隐私权和个人信息的行动指南。对此，特别要指出的是，在与网络相关的法律当中，能否通过《个人信息保护法》[①]和《信息提供商责任限制法》[②]来规范被遗忘权呢？

《个人信息保护法》第4章第1节规定了信息管理者的义务。概言之：信息管理者应当限定其个人信息的使用目的，即使变更使用目的，也不应超出合理的范围（第15条）；除了法律另有规定，以及基于保护个人生命财产、促进公共卫生和未成年人保护的目的而难以取得本人同意等情形之外，事前若没有征得本人同意，则不应在必要的范围之外处理个人信息（第16条）；禁止利用不正当手段取得个人信息（第17条第1项）；如果要取得"应特别注意的个人信息"[③]，除了法律另有规定，以及基于保护个人生命财产、促进公共卫生和未成年人保护的目的而难以取得本人同意等情形之外，应当事先取得本人的同意（第17条第2项）；信息管理者在取得个人信息时，应当尽快通知本人或公布其使用目的（第18条）；信息管理者的使用目的在必要范围内的，应确保个人信息内容的正确与更新；在无使用必要之时，应当将该信息尽快消除（第19条）；信息管理者应采取必要且合理的安全管理措施来防止信息的泄露、灭失、或者毁损（第20条），并对其业务员和委托者进行相应的监督（第21条、第22条）；除了法律另有规定，以及基于保护个人生命财产、促进公共卫生和未成年人保护的目的而难以取得本人同意等情形之外，信息管理者未经本人同意，不得事前向第三人提供个人信息（第23

---

① 個人情報の保護に関する法律（平成15年法律第57号）。
② 特定電気通信役務提供者の損害賠償責任の制限及び発信者情報の開示に関する法律（平成13年法律第137号）。
③ "应特别注意的个人信息"是指种族、信仰、社会地位、病历、犯罪经历、因犯罪受到伤害的经历及其他可以导致歧视偏见的个人信息。犯罪前科和未成年人犯罪等情形也包括在内。岡村久道『個人情報保護法の知識』（日経文庫、2017年）124-125頁。

条）；向第三人提供个人信息时，信息管理者应记录第三人姓名、住址、日期等相关信息（第25条），向其提供之时，应当加以确认（第26条）；信息管理者应当告知本人其个人信息使用者的信息、使用目的，本人要求知晓保有个人信息的使用目的时，信息管理者须尽快告知（第27条）；除可能危害本人或第三人的生命财产或其他权益、妨碍信息管理者合理地开展工作、违反法律等情形外，本人可要求信息管理者公开保有个人信息（第28条）；本人在知晓信息管理者保有的个人信息是不真实的情况下，可请求信息管理者订正信息、追加信息或者删除信息（第29条）；本人可向违反本法第16条、第17条规定的信息管理者请求其停止利用或消除保有的个人信息（第30条）。

《信息提供商责任限制法》着眼于信息提供商的责任认定。若信息提供商明知提供的数据会侵害他人权利，或者有足够理由认定其知晓会侵害他人权利时，则负有赔偿损失的责任（第3条第1项）；信息提供商采取必要限度的措施阻止发信者发送信息，但造成侵害发信者权利时，如有足够理由认定发信者发送的信息在侵害他人权利时具有免责理由或可与发信者协商，但7日内未得到其明确拒绝的意思表示时，不应承担赔偿损失的责任（第3条第2项）。[1]

上述法律规定作为确立被遗忘权的理由并不充足。宫下纮教授认为，《个人信息保护法》第19条中规定的"消除"无使用必要的个人信息时，[2]可与被遗忘权所期待的效果，即删除信息、防止信息

---

[1]　信息提供商采取"必要限度的措施"也可包括对侵权信息的删除。総務省総合通信基盤局消費者行政課『改訂版　プロバイタ責任制限法』（第一法規、2011年）30頁参照。在司法实践中，也有以本条提起删除请求的情况。德島地判2020年2月17日判例時報2464号51頁（本案也讨论了本法第4条关于请求公开侵权人信息的问题）。

[2]　宫下纮认为《个人信息保护法》第19条与被遗忘权有关联。宫下纮「忘れられる権利」判例時報2318号（2017年）11頁。冈村久道认为，虽然形式上已经删除了不再在使用的个人信息，但是也存在向第三人泄露信息或将恶意使用此信息的可能。因此，"消除"的目的要求一定的安全性和不可恢复性。例如，书类信息可以利用焚烧分解、物理破坏等不可恢复的手段；网络上的个人数据可以通过设定程序等不可恢复方式。岡村久道『個人情報保護法（第3版）』（商事法務、2017年）215頁。

扩散进行关联。但"消除"意味着除了"删除"之外，还要有其他阻断接触信息的方式，这就要求实现被遗忘权伴随着的救济方式时，不能局限于"删除"这一点。另外，在委员会的意见中，虽然将第30条的停止利用或消除权与被遗忘权进行了对接，但也指出了被遗忘权在欧洲的立法情况与日本的不同之处。[①]松井茂记教授则指出，《个人信息保护法》实际上保障的是公法上的权利，被害人无法简单地以此为依据提起诉讼，[②]同时，现行民法也没有与被遗忘权相关的规定，这就增加了赢得诉讼的难度。

日本学说对《信息提供商责任限制法》中信息提供商的责任存在两种判断方式：（1）认为信息提供商采取限制或者删除措施，会造成侵害通信秘密、阻断信息流通的后果；（2）认为信息提供商履行的删除义务实质上是强制信息提供商对信息内容进行审查。[③]此外，本法没能明确信息提供行为是指信息转发还是参与信息编辑，也无法作为直接确立删除义务的法律依据。[④]直接运用本法，或将导致以保障个人信息为目的的被遗忘权难以实现。

综上所述，被遗忘权不是一项实体法中的权利，也不能称之为

---

① 「個人情報保護法いわゆる3年ごと見直しに係る検討の中間整理」https://www.ppc.go.jp/files/pdf/190425_chukanseiri.pdf，2021年2月1日访问。"中间整理"关注的是扩大《个人信息保护法》第30条 "利用停止"的权利范围，但以本条作为被遗忘权依据的争论点颇多。如本条仅规范了保有个人信息，却将搜索引擎的管理运营者排除在外；保有个人信息与搜索结果不同；在用语上"消除"比"删除"更为合适。石井夏生利「いわゆる『忘れられる権利』の法制化──個人情報保護法改正へむけた中間整理の概要」ビジネス法務（2019年）84頁参照。

② 松井茂記『表現の自由に守る価値はあるか』（有斐閣、2020年）356頁。

③ 松井茂記『インターネットの憲法学』（岩波書店、2014年）327-341頁。

④ 日本总务省在对本法的一问一答中指出，本法仅赋予了侵权责任人请求损害赔偿和信息公开的权利，而不是确认请求删除的权利以及赋予信息提供商责任删除的义务。「プロバイダ責任制限法Q＆A」https://www.soumu.go.jp/main_sosiki/joho_tsusin/d_syohi/ihoyugai_04.html#proseki2，2021年2月1日访问。2021年2月26日，日本政府通过了对《信息提供商责任限制法》的修改草案。本修改草案新增了非诉案件的程序内容。「特定電気通信役務提供者の損害賠償責任の制限及び発信者情報の開示に関する法律の一部を改正する法律案新旧対照条文」https://www.soumu.go.jp/main_content/000734830.pdf，2021年3月1日访问。笔者向提供本修改草案专家意见的曾我部真裕教授进行确认后，得知本草案与被遗忘权仍然没有关系。

固有的人格权。单从构成的课题而言，学者将之理解为向网络搜索引擎管理运营者提出删除搜索结果的请求，[①]更倾向于从传统宪法理论出发去认识信息与隐私之间的关系，寻找如何保障和救济宪法权利的方法。

二、被遗忘权课题的构建

日本学界关于被遗忘权的课题，首先从被遗忘权保障个人信息（隐私）的角度进行探讨。[②]名誉权能否成为被遗忘权案件的审查对象，这一点尚不明确，但在网络侵权案件中适用民法第723条关于恢复名誉的规定可用于充实被遗忘权理论。并且，在裁判所区分名誉权与隐私权的司法审查基准时，适用制止请求权，可以对被遗忘权课题的形成发挥重要作用。

（一）个人信息控制权

隐私权是一项重要的宪法权利。1890年，美国学者沃伦（Samuel D. Warren）与布兰迪斯（Louis D. Brandeis）共同撰写的论文《论隐私权》，对隐私权（right to be let alone）进行了界定。1960年，美国法学家普罗瑟（William L. Prosser）教授在其所著的《隐私权》中将原本复杂的侵害隐私权类型归为四类，即非法侵入私生活领域，对外公开属于私事范畴的内容，给予公众错误的认知（false light），以及使用他人姓名、肖像以获取利益。[③]在吸收这一理论的基础上，学者兼最高裁判所法官伊藤正己对隐私权的内涵进行了研究。[④]之后，随着日本隐私权理论的发展，源于隐私权的个人信息控

---

① 寺田麻佑「情報化社会における『忘れられる権利』と『知る権利』」憲法研究第6号（2020年）104頁。

② 寺田麻佑「情報化社会における『忘れられる権利』と『知る権利』」憲法研究第6号（2020年）95-96頁。上机美穂「忘れられる権利とプライバシー」札幌法学25巻2号（2014年）。

③ William L. Prosser, Privacy, 48 Cal. L. Rev. 383（1960）.

④ 伊藤正己『プライバシーの権利』（岩波書店、1963年）67-70頁。

制权（informational control）成为个人信息保护制度的重要依据[①]，同时也为被遗忘权课题的研究提供了参考。

个人信息控制权理论的代表学者是佐藤幸治教授。佐藤幸治教授参考美国学者比尼（William M. Beaney）教授对隐私权的定义，[②]认为隐私权是：（1）个人对其所想、所著、姓名、肖像，以及其他可以体现个体性（identity）的内容享有取得和使用的权利；（2）个人对涉及自身的信息享有取得或者知晓的权利；（3）个人享有防止其生活空间和选择活动被通过身体或更隐晦的方式侵犯的权利。从（1）和（3）来看，隐私权可以用个人信息控制权来解释，而这种解释可以从传统意义上隐私权的消极的、不干涉的权利，过渡到积极的行使控制信息的权利。这是为了符合在极其复杂且相互依存的社会关系中，个人通过合理控制其活动领域，得以实现人格自由发展的需求。[③]隐私权可以维护个人最基本的爱情、友情，以及信赖关系，这反映了宪法规定的"幸福追求权"。佐藤幸治教授视个人信息与隐私权为一元化构造，[④]同时，将个人信息区分为"与道德自律相关的信息"和"与道德自律性无直接关系的个别信息"。前者被称为"隐私权的固有信息"，包括个人的政治宗教信仰、身心状况、犯罪履历等有关信息；后者被称为"隐私权的外延信息"，如属于单纯信息却无隐私性的信息。个人信息控制权涵盖了如前科信息的隐私权固有信息（即被遗忘

[①] 例如《个人信息保护法》中向第三方提供信息须征得本人同意的规定，便有个人信息控制权在内的考量。日本地方行政机关也明确地将个人信息控制权写入了行政条例，如《八幡市个人信息保护条例》第1条的规定，《国立市个人信息保护条例》第1条的规定，《草加市个人信息保护条例》第1条的规定等。宇賀克也『個人情報保護法の逐条解説』（有斐閣、2016年）32-33頁。

[②] William M. Beaney, The Right to Privacy and American Law, 31 Law & Contemp. Probs. 253, 254 （1966）.

[③] 佐藤幸治『現代国家と人権』（有斐閣、2008年）270-271頁。

[④] 因传统的隐私权保护的个人私生活与高度信息技术下的单纯的个人信息是可以统一保护的，故个人信息与隐私权的保护形式可以称为一元化构造。有的学说提倡二元化构造理论是因为单纯的个人信息也是人格权中的一种，与隐私权不能视为一体且内容上不能合并。小山剛「単純個人情報の憲法上の保護」重要ジュリスト（2012年春）122頁。

权案的探讨对象），同时，考虑到非隐私性的信息被恶意利用时影响个人自律的效果，应当将这一情况也归于个人信息控制权理论中。①

个人信息控制权理论可以从隐私权固有信息的形式讨论被遗忘权，但是在如何区分个人信息与隐私权的问题上，存在对其进行批判的理论。②在佐藤幸治教授的个人信息控制权理论的基础上，很多学者尝试对隐私权进行再定义，③其中，值得一提的是栋居快行教授的"个人形象控制权"理论。栋居快行教授将隐私权定义为：个人为适应多样性的社会关系，享有自由控制其随之相符的多样化的个人形象的权利。此理论不是考察单独的个人信息，而是赋予个人信息以象征的性质，探讨的是可以影响个人形象的信息（如涉及与亲友亲密关系背后的个人信息），因而，个人形象控制权比个人信息控制权所涉及的信息对象范围更为狭窄。④栋居快行教授认为此理论的优势是以社会关系为焦点，既要考虑同一社会关系中他人对自己的评价，又要探讨同一社会关系中如何协调因权益而产生的矛盾。此时的个人信息被控制在了合理范围内，能够启发网络环境中的被遗忘权的应用。⑤但是"个人形象控制权"的问题也正是源于其对隐私权限定的范围过于狭窄，无法实现他人在取得或收集其信息后，无侵权行为下的救济。⑥

最后，在对被遗忘权的最新评述中，松井茂记教授又回归到了

---

① 佐藤幸治『日本国憲法』（成文堂、2011年）182頁。
② 村上康二郎『現代情報社会におけるプライバシー·個人情報の保護』（日本評論社、2017年）30-31頁。
③ 在个人信息控制权论基础上，阪本昌成认为，隐私权是具有不被他人妄议的生活状态或者确保正常人际关系的要求。阪本昌成『プライヴァシー権論』（日本評論社、1986年）4-9頁参照。
④ 棟居快行『人権論の新構成』（信山社、1992年）192-194頁。
⑤ 栋居快行教授认为，网络上发生的侵害法益不同于传统私生活上的问题。他强调，在面对信息扩散时，要保障应本人需求维持个人形象及形成新形象的权益。棟居快行「検索エンジンと『忘れられる権利』の攻防——最高裁平成29年1月31日第三小法廷決定を契機として」法学教室441号（2017年）48頁参照。
⑥ 村上康二郎『現代情報社会におけるプライバシー·個人情報の保護』（日本評論社、2017年）37頁。

个人信息控制权理论。他认为原本以隐私权为基础的个人信息控制权理论，不仅包括私密信息，还包括除此之外的一切个人信息。但是，如果要将争论点放在表达自由与利益冲突的调整上，被遗忘权所涉及的又仅仅是不想为他人所知的、相对而言具有私密性的个人信息[①]。换言之，松井茂记教授认为，被遗忘权可通过参考"隐私权的固有信息"进行解答，应当具有明显的权益性。松井茂记教授对被遗忘权的认识源于被遗忘权案中对前科信息的探讨，但是光看姓名信息的话，又不具备相当程度的私密性，[②]那么要求"被遗忘"的信息类型应以限定其适用范围为前提。

被遗忘权不必然是隐私权。相关学者提倡个人信息控制权理论和"个人形象控制权"，其实是为了呼应在被遗忘权案背景下对隐私权的保守讨论。因此，从既有的权利出发，进行"曲线"式的论证并划定适用范围，虽然可以满足一定的社会需求，但是从确立被遗忘权的角度来看，仍然需要不断完善相关理论。

（二）平衡宪法权利

被遗忘权包含保障名誉权方面的内容。有别于隐私权案件，日本审理名誉权案件大体是依据刑法第230条名誉毁损罪和民法第709条的相关规定来确定具体的审查方式的，即证明真实性和相当性裁判的法理。证明真实性包括：如果表达行为属于具有公共利害关系的事实（公共性），且表达行为的目的具有公益性，那么，证明其具有真实性就可免于处罚；关于没有提起公诉的犯罪嫌疑人的报道也属于公共利害关系的事实；关于公务员或议员候选人的报道也要证明其真实性。在探讨表达者言论是否具有公共性时，裁判所就报道对象（如政治家、有影响力团体的组成人员、犯罪嫌疑人或被告等）的社会活动性质及其社会影响力来进行评价。裁判所在探讨公益性要件时，表达内容如果客观、中立，或涉及社会责任义务的内

---

① 松井茂記『表現の自由に守る価値はあるか』（有斐閣、2020年）358頁。

② 村田健介认为，需要进一步探讨不涉及私密性的姓名能否通过被遗忘权而进行删除。村田健介「プライヴァシー侵害による差止請求権と『忘れられる権利』——最決平29·1·31を踏まえて」岡山大学法学会雑誌67巻2号（2017年）363頁参照。

容，便易于被判断为具有公益性。①证明相当性法理的建立在难以明确真实性的前提下，在有确切的资料和根据等相当的理由时，可以证明传达此事实是基于误信，即可认定行为人无犯罪的故意，不构成名誉毁损。②

曾我部真裕教授在点评被遗忘权案时，细致地探讨了对名誉侵权的删除请求权，通过明确真实性、相当性在类似案件中的适用形式，着重强调了删除对表达自由的限制问题。③被遗忘权课题离不开限制表达自由的论题，因而，从实现救济与平衡宪法权利的角度，名誉权案件的审理方式可以为被遗忘权课题的研究提供一定的参考。

（三）制止请求权的运用

民法第723条规定了在侵害名誉权时，可采取恢复名誉的措施，这种措施就包括消除搜索结果的法院的临时处分。因为事后救济，如赔偿损失，并不能完全实现救济的目的，采用对现在或者将来的侵权行为作出的预防性措施（如法院作出的临时处分）就有其必要性。法院临时处分又被理解为一种制止请求权（injunction），其特点在于具有物权请求权般的排他性，也有与不法行为的对抗性。④最高裁判所将制止请求权理解为：被侵害人有权以侵害人格权为由，请求排除加害者正在实行的侵害行为，或者以为预防将来可能发生的侵害为由，要求制止此侵害行为。在最高裁判所的判例中，制止请求权会产生宪法争议。

有关制止请求权的判例论述，最早出现在名誉侵权的案件"北方杂志社案"（北方ジャーナル事件）中。⑤最高裁判所分析了采取制止措施的可行性："参照宪法第21条保障表达自由和禁止检阅

---

① 松尾剛行『最新判例にみるインターネット上の名誉毀損の理論と実務』（勁草書房、2016年）164-180頁。
② 山田隆司『公人とマス·メディア』（信山社、2008年）14-15頁。
③ 曽我部真裕「『インターネット上の情報流通の基盤』としての検索サービス」論究ジュリスト25号（2018年）50頁以下参照。
④ 窪田充見『不法行為法——民法を学ぶ』（有斐閣、2010年）410-413頁。
⑤ 最大判1986年6月11日民集40卷4号872頁。

（censorship，即'检查'）的规定，表达行为的事前抑制（prior restraint）需要在严格而明确的要件下方可实施。"就如本案"表达内容的对象如涉及公务员或议员候选人，即使属于批判性的内容，如果是涉及公共利害关系的事项，原则上不允许对这类表达行为实施事前抑制"，如果可以明确表达内容非事实或者不具有公益的目的，并且被害者遭受了严重到难以恢复的损失，可辨明表达行为具有的价值弱于保护被害者、恢复名誉的价值，则应当承认本制止措施是有效的救济方法。由此，最高裁判所在肯定制止请求权的救济效果上，确定了"严格而明确"的适用要件。

在隐私侵权的案件"石中游鱼事件"（「石に泳ぐ魚」事件）中，[1]最高裁判所认为："不管在何种情形下讨论对侵权行为的制止措施，都需要留意侵权对象的社会地位以及侵害行为的性质，应当在比较衡量中预测侵权行为对被害者不利的情况和制止侵权行为后对侵害者不利的情况。在可以明确预测到侵权行为可能会给被害者造成严重的损失，并且通过事后救济明显不能恢复的情形下，应当认可对侵权行为的制止请求。"

事前抑制会产生宪法上的禁止检阅的问题，因此，对其在判例中的运用非常慎重。为了确保救济的成功，有可能将消除已经提供的搜索结果的行为归结于表达行为的事后抑制。[2]虽然事后抑制不会如检阅一样明确地构成违宪，但学者也同时承认事后抑制具备抑制表达自由的效果，这就导致无法区分事后抑制与事前抑制的不同。因此，请求消除搜索结果最终导致的结果是有可能限制将来的表达。裁判所采取的制止措施不仅限制了搜索引擎管理运营者的表达行为，也会限制信息接收方的自由。同时，网络是提供信息交流的平台，过度的制止措施可能对信息提供者和搜索引擎管理运营者产生表达自由层面的"寒蝉效应（chilling effect）"。

---

① 最判2002年9月24日裁判所時報1324号5頁。
② 東京地判2018年1月31日判例時報2391号18頁。

三、被遗忘权课题的完善

时至今日，日本下级裁判所再没有出现过支持被遗忘权请求的案件。[1]但是，被遗忘权案引发了裁判所如何保障个人数据信息这一课题的出现，起到了将网络侵权与司法审查基准相结合的示范作用。

（一）对"明确性基准"的修正

继2017年的被遗忘权案后，采用或部分修正"明确性基准"成为下级裁判所的审理模式。例如，2017年高松高等裁判所参照"明确性基准"后，又新增了对搜索结果是否为著作物（作品）的探讨。对搜索结果是否违反著作权法第47条第6款的规定，裁判所认为，本规定旨在明确搜索引擎管理运营者在自动收集信息时，应当依照用户的需求从记忆库中自动提取相应的搜索结果，这不符合网站的特点，因此本规定不能成为本案保全抗告的理由。[2]

2017年东京高等裁判所认为搜索引擎管理运营者虽然提供了网络信息流通的途径，但不能预料到信息的具体内容。在对侵权与否进行判断时，裁判所认为，如果要求搜索引擎管理运营者证明信息的真实性和相当性，则会面临举证困难的状况，从而将不存在违法阻却性定为本案的审查基准，即本搜索结果可以被明确认为是非公共利害相关的事实或非公益性目的，或者本搜索结果可以被明确认为是非真实的。[3]

2019年大阪高等裁判所同时审理了兼有隐私权和名誉权的案件。对隐私权的审理参照了"明确性基准"。裁判所在对原告过去的黑社会背景进行调查这一项中，认为即便事情已过去50多年，但也有

---

[1]　根据第一法规数据库的统计（截至2021年2月），原告主张"被遗忘权"的判例仅有9例。其中大部分判例以法律法规上无明确规定、审理隐私权及名誉权足以代替"被遗忘权"为理由，驳回了"被遗忘权"的主张。

[2]　高松高决2017年7月21日判例时报2354号40页。著作权法47条第6款规定的著作物是"可以传递的著作物（信息）"，须具备自动地向用户传递信息的状态。但本案中保存过去报道的网站具有网络档案（web archive）的特点，实际情况是无法自动地向网络用户传送信息，因此不符合著作权法第47条第6款中规定的著作物。

[3]　東京高决2017年10月30日D1-Law.com判例体系第28261411号。

必要进行公开调查。对名誉权的审理参照了"北方杂志社案"的审查基准。裁判所认为，消除搜索结果不利于将来的信息流通，因此，要求原告证明搜索结果不具备公益的目的、搜索结果非真实，且被害者将遭受严重乃至难以恢复的被害程度。最终，裁判所以原告无法证明具体的损害为由，驳回了原告的诉求。[①]

综上所述，虽然有个别判例参照了"明确性基准"，但有些判例会因原告的诉求不同，出现不同的审查内容。其实，这也间接地体现了被遗忘权被排除的理由：如果原告主张被遗忘权无胜诉的希望，被遗忘权这一概念便会被一直排除在审查之外。

（二）确立保障个人数据信息的方式

对被遗忘权案的探讨最终回归到了保障个人数据信息的一种方式，即制止请求权的运用。通过消除搜索结果提供救济权利的这种方式与表达行为人的权益问题不可分离，这就需要进一步分析搜索引擎管理运营者与表达自由之间的关系。首先，搜索引擎可以通过特定的算式对信息进行一定的加工处理，并向网络用户提供特定的服务，此时搜索引擎管理运营者事实上进行了表达行为。搜索引擎管理运营者可以从技术上达到处理、扩散信息的同时，设定内容管理标准用以删除或不公开信息同样涉及其表达行为。而且设定内部的标准，即搜索引擎管理运营者自主规制的背后，伴随着限制信息发布者的表达自由和网络用户的知情权，可能导致"私力检阅"（self-censorship，即"自我检查"）[②]的发生。反之，在部分信息涉及侵权的情况下，如果要求搜索引擎管理运营者消除全部信息，在限制其违法表达行为的同时，也会限制其合法的表达行为，造成对表达行为的"过剩限制"。[③]

其次，学者对搜索引擎管理运营者所扮演的角色进行了区分。

---

① 大阪高判2019年5月24日判例时报2452号43页。

② 宇贺克也「『忘れられる権利』について−検索サービス事業者の削除義務に焦点を当てて」『重要ジュリスト』18号（2016年）32-33页。

③ 古田啓昌・赤川圭・早川晃司「投稿記事削除仮処分命令申立事件−最高裁平成二九年一月三一日決定に対する評価と今後の課題」判例时报2328号18页。

"补充责任说"认为，如果搜索引擎管理运营者是维系信息流通的媒介角色，就可免除责任，但要追究信息源的第一责任。理由是，发布侵害隐私和名誉权的信息源头作为第一责任方，即使搜索引擎管理运营者消除了网络链接，信息源依旧会持续地发布信息，通过其他搜索引擎或者向其他公告板和博客内投稿而导致他人可以继续阅览的危险。由此，从源头上消除侵权信息可以从根本上解决问题。但是，"第一责任说"认为，当搜索引擎管理运营者处于"第二管理者"的情形时，承担消除信息责任也有其合理性。鉴于难以明确信息源，以及明确信息源的过程需要耗费大量的时间和金钱等情况，搜索引擎管理运营者应当承担消除信息的首要责任。[①]被遗忘权案很难确定搜索引擎管理运营者应具有何种表达行为，仅强调了其在信息流通上的作用，实际是确定了搜索引擎管理运营者负有首要责任，没有对信息的源头进行审查。[②]《个人信息保护法》中同时规定了删除个人信息和删除保有个人信息的内容，如果采用搜索引擎管理运营者首要责任论，请求删除保有个人信息（如数据库信息）时，实际上只对表面的信息进行了删除。虽然"被遗忘"的实现需要面对无法完全删除的问题，但从数据库本身存在的意义，不增加数据库管理者过重的负担，保障其他用户的利益等角度出发，[③]依然值得关注搜索引擎管理运营者首要责任论。

在2020年《个人信息保护法》的修改中，日本加快了被遗忘权制度的构建。[④]本次修改的关注点在于对第30条停止利用或消除权的补充。新增的第5款明确了信息管理者在无使用个人信息的必要，或信息管理者对保有的个人信息进行处理可能有损本人权利或正当利益时，用户本人有权要求该个人信息的停止利用或停止向第三人提供使用。第6款在回应前款规定的同时，明确了信息管理者为了防止本人权利和利益受到侵害，在必要范围内，应毫不迟延地停止利用用

---

① 同上。

② 网络侵权者如果处于信息流通的中立地位，那么传播侵权信息就不具备故意或过失的要素。参见東京高決2017年10月30日D1-Law.com判例体系第28263939号。

③ 松井茂記『表現の自由に守る価値はあるか』（有斐閣、2020年）362-364頁。

④ 本次立法修正案经2020年6月5日议会审议通过，并将于2022年正式实施。

户的个人信息或停止向第三人提供使用其个人信息。但是，如果停止利用或停止向第三人提供使用信息会产生巨额的费用，或发生其他导致停止利用困难的情形时，如有能确保本人权利和利益的代替措施，可以不限于本条规定。①藤原静雄教授指出了停止向第三人提供使用这一项，实际上顺应了本人同意使用之前要经过确认的立法考量，具有被遗忘权的部分特征。宍户常寿教授则对第5款表示了担忧。他认为，对"可能有损本人权利或正当利益"的评判离不开探讨本人与信息管理者对"权利或正当利益"的理解。每个人对事物持有的观点不同，因此，对本条的解释最终要通过具体的实例来进行指导。②本次法律修改确立了每隔三年便修订的原则，那么便可预测《个人信息保护法》中将会加入更多被遗忘权要素，以完善被遗忘权课题。

四、结语

日本被遗忘权经历了从被学界热议到现在趋于平静的过程。根据上述对日本被遗忘权课题的介绍，不妨将目前被遗忘权课题比作一个就如何处理网络用户与信息管理者的关系并提供救济形式的一种设想。日本被遗忘权课题提到了删除伴有侵权性质的信息，这可从与隐私权相关的前科信息得到印证，同时还要满足从亲密关系等侧面释明姓名信息与其他信息的相互作用关系，以便理解需求救济的程度。③日本被遗忘权课题又从权利人的需求出发，不断完善删除信息、停止利用、不公布信息、匿名化、信息加密处理等一系列

---

① 「個人情報の保護に関する法律等の一部を改正する法律 新旧対照条文」https://www.ppc.go.jp/files/pdf/200612_sinkyutaisyohyo.pdf，2021年2月1日访问。

② 藤原静雄·宍戸常寿「対談 2020年個人情報保護法改正の背景と今後」ジュリスト1551号（2020年）17-18頁。

③ 被遗忘权有需求救济的较高程度。日本《个人信息保护法》中提到的"应特别注意的个人信息"，包含了隐私性质的信息（如前科信息），也规定了非隐私的信息（如未成年人信息），其考察的目的是避免遭受歧视。因此，笔者认为以"应特别注意的个人信息"划定被遗忘权的范围有进一步探讨的余地，并且对个人信息的侵害形式进行分析时，既可以考虑侵害蓄积的过程，看其是否在满足存续一定期间之后达到足以评价预防或免于将来侵害的情形，也可以看其是否满足特定信息保障的立法目的和社会需求。

可实现"被遗忘"效果的方式。《个人信息保护法》中新增的，从信息管理者那里保障用户认为没有使用必要的信息，具有不同于以侵权结果为前提的权利保障问题。如何认定可能有损利益乃至造成侵权，还需要关注今后的立法动态。

我国学界虽然提倡被遗忘权的本土化，[①]但是新兴权利的构建不能一蹴而就，需要更多的研究积累。借鉴日本关于被遗忘权课题的经验，我国构建被遗忘权，如果能先以宪法上的权利构建为切入点，或许更为便利。因为被遗忘权始终与保障人格尊严有关，在无法用民事权利给出妥善定义的情况下，用一种"权益"意识加以考量，[②]有利于权利性质的最终形成。

从被遗忘权的特点来看，被遗忘权与表达自由相互抵触，这一点类似名誉权。被遗忘权是以实现救济为特点的权益，但是日本的被遗忘权案确立了严于审理一般隐私权案件的"明确性基准"，这或许成为保障表达自由的最后依仗。因此，被遗忘权具有明显的公法性质，对其审理也应当在遵从明确个人数据信息所体现的法益与搜索引擎服务提供中所体现的表达自由、知情权之间进行衡量，以此评价作为能否消除搜索结果的依据。

与程序法有关的制止请求权，可以作为探讨被遗忘权的重要论点。我国《民法典》人格权编第997条"民事主体有证据证明行为人正在实施或者即将实施侵害其人格权的违法行为，不及时制止将使其合法权益受到难以弥补的损害的，有权依法向人民法院申请采取责令行为人停止有关行为的措施"的规定，明确了向法院申请人格权侵害禁令也成为民事案件的案由。[③]我国《民法典》如果纳入被遗忘权（即保护个人数据信息的一种形式），可以参照日本被遗忘权课题中，对制止请求权的判断。虽然我国还处于对人格权侵害禁令

---

① 薛彩：《被遗忘权制度的借鉴与司法探索——以中欧被遗忘权首案为视角》，载《法律适用》2020年第8期；满洪杰：《被遗忘权的解析与构建：作为网络时代信息价值纠偏机制的研究》，载《法制与社会发展》2018年第2期。

② 余煜刚：《司法视域下"被遗忘权"的逻辑推演与论证建构——以我国首例"被遗忘权"案的分析为切入点》，载《北方法学》2018年第2期，第38-39页。

③ 《最高人民法院关于修改〈民事案件案由规定〉的决定》（法〔2020〕346号）。

案例的摸索阶段,①但是日本经由保全诉讼发布的人格权侵害禁令,特别是对制止请求权的运用,已经积累了相当多的判例。

总之,在私法与公法的问题边界相对模糊的网络背景下,被遗忘权之于宪法权利的特点与民事权利的构建具有互补性。参照日本被遗忘权课题,不仅有助于完善我国个人数据信息立法,最终也会为梳理宪法权利的性质和保障范围提供一定的启示。

_____

① 2021年1月4日《民法典》实施后出现了"人格权侵害禁令第一案"。《广州互联网法院对〈民法典〉施行后首份人格权侵害禁令申请作出裁定》,中国法院网https://www.chinacourt.org/index.php/article/detail/2021/01/id/5782110.shtml,2021年2月1日访问。

判例评析

CASELAW

情事变更与合同拘束力理论
　　——高尔夫俱乐部会员权利确认事件　　　　　　　江文俊

情事变更与合同拘束力理论
——高尔夫俱乐部会员权利确认事件

最高裁判所第三小法庭1997年7月1日判决

最高裁判所民事判例集51卷6号2452页

一、案件经过

（一）案件事实

本案中的高尔夫球场由A公司于1973年开设，原告X（复数）通过与A公司签订会员资格合同成为高尔夫球场会员。根据合同约定，会员的具体权利为：（1）会员享有以优惠价格享受高尔夫套餐以及利用附属设施的权利；（2）对于预托金[②]的返还请求权；（3）将会员权利让与第三人的权利。1987年，A公司将该高尔夫球场转让给B公司，B公司继承A公司对于会员享有的权利和承担的义务。1992年，Y公司通过转让从B公司手中获得该高尔夫球场。

该高尔夫球场由于施工质量问题，以及基础强度不足、地下水

[①] 江文俊，日本早稻田大学法学研究科博士研究生。

[②] 预托金性质上类似于无息借款，高尔夫球场会员可在约定期限届满后请求返还。

等原因，自从开业以来屡次发生滑坡。1990年5月，球场东区一部分发生滑坡，由于之前也曾连续发生过滑坡，使得球场无法继续营业，B公司决定封闭该高尔夫球场。同年5月底至6月，兵库县前后4次要求B公司采取措施。B公司花费共计约130亿日元进行了整改。

对于会员权利中的优先使用权，双方产生争议。X主张，权利义务关系应当被继承，对此，Y公司主张大规模的滑坡以及因此产生的巨额修复费用属于情事变更，以此为由，主张X不享有优先使用权。X就会员权利确认一事向裁判所提起诉讼。

（二）下级裁判所判决

一审中，大阪地方裁判所针对本案中是否存在情事变更做出如下判断：（1）该高尔夫球场虽然自开业以来屡次发生滑坡，但本次滑坡并未造成不能营业的后果，再加上该项费用还包括俱乐部的建设费，所以此费用也不应当被认定为修缮所需的最小限度的费用。此外，B公司接手高尔夫球场后，有一系列试图扩大规模的举动，所以应当认为本案中进行的施工并不仅限于修缮目的；（2）B公司所属的行会在海内外经营着十余座高尔夫球场，且A公司与B公司的合同文本中含有关于存在滑坡的表述，所以不能说被告无预见可能性；（3）经营者应当负有将高尔夫球场维持在会员可以使用的程度的义务，仅凭花费额度高就将修缮费用转嫁给过去签订合同的会员，并无道理。裁判所因上述理由支持了原告的请求，否定了本案中存在情事变更。

被告Y公司不服，向大阪高等裁判所提起上诉。大阪高等裁判所认可了本案中存在情事变更，理由如下：（1）虽然本次滑坡并不足以造成不能营业的情况，但结合过去的情况，可以被评价为"造成不能营业的后果"，且扩大规模的计划最终并未成形，认定130亿日元是基于修缮的必要需求并无不妥；（2）一审中根据B公司所属行会的经验类推B公司的判断仅仅是一种推测，且虽然不能否定被告对于滑坡及一定的必要处理具有预见可能性，但是对于这样大规模的修缮，还是应当认定为不具有预见可能性。基于这样的理由，拒绝承担已承担部分以外的经济负担的X，对经过高价修缮后的高尔夫球场①主张享有优先使用权，应当认为是严重违反了诚实信用原则（也就是说适用情事变更原则），判决否定了X享有优先使用权。

X对大阪高等裁判所的判决不服，上告至最高裁判所。

二、最高裁判所判决要旨

（一）情事变更与合同订立时的当事人

情事变更的适用，要求："在合同订立后，发生了当事人无法预见，且不可归责于当事人的变化。并且，对于预见可能性与归责事由的判断，就算合同发生了让与，也应当以合同订立当时的当事人为准。基于此，原审中只对B公司的预见可能性进行分析，忽视了对最初签订合同的A公司的预见可能性及归责事由而做出的判断，是无法成立的。"

（二）预见可能性及过错责任②

"一般而言，就情事变更的适用而言，对于通过对自然地形进行改造而建造出的高尔夫球场的经营者而言，没有特殊原因，应当认为其对于滑坡存在预见可能性，并且对此存在过错。这是因为，就通过对自然地形进行改造而建造出的设施而言，无论是因为自然还是人为的原因，将来发生灾害的可能性是不可否定的。而针对这些危险采取防灾措施的必要性也谈不上是什么无法预见的事情。"

就本案而言："A公司明显已经认识到了该高尔夫球场是通过对自然地形进行改造而建造成的，且A公司并未证明存在特殊原因，所以就本案是否适用情事变更，A公司对于斜面会发生滑坡并不存在不可预见性，再者，也无法否定存在过错责任。"

基于情事变更当事人主体及预见可能性的判断，最高裁判所撤销了原判决中情事变更的部分，改判承认X的会员优先权。

---

① 判决书中列举的第一次转让费用为28亿日元，第二次转让费用为约50亿日元。

② 修改前民法条文中的"責めに帰すべき事由"或"帰責事由"实际上是指基于过错责任原则的责任，文中为了方便都采取"过错责任"的称呼。

三、评析

（一）情事变更的相关理论形成

根据通说，日本法上情事变更[1]的一般理论最早由胜本正晃博士确立。[2]胜本正晃博士将情事变更定义为"促使主要债权关系发生的法律行为在被行使的过程中，其法律行为的环境即情事。在法律行为发生后，效果完成前，因不可归责于当事人的原因发生了无法预见的变化，其结果造成若追求基于当初意义上的法律效果的发生或是存续，将被认为构成诚实信用原则上的不当，在这种情况下，应基于诚实信用原则对其法律效果进行变更"[3]的情况。虽然胜本正晃博士对于情事变更进行了定义，但是他在对要件论进行归纳时，提出了情事变更"应是专门通过信义衡平进行处理的"。[4]由此可见，胜本正晃博士认为，情事变更实际上是倾向于作为诚实信用原则的一种具体适用。

基于胜本正晃博士提供的理论基础，五十岚清教授在保留其大纲的基础上，进行了理论的展开和提炼，[5]从而形成了通说。从要件论来看，情事变更需要满足：a. 合同订立时，作为基础的情事发生了变更；b. 情事的变更，是当事人未预见，或无法预见的；c. 情事变更的当事人不存在过错责任；d. 情事变更所带来的结果，即若继续将当事人拘束于合同中，将会被认为构成诚实信用原则上的严重

---

[1]　日本多将情事变更称为情事变更的原则，也有文献称之为情事变更的法理，在债权法修正中一度决定将其称呼统一为情事变更的法理（第六十回会议），本文中为了表述方便一律称之为情事变更。

[2]　谷口知平＝五十嵐清『新版註釈民法（13）債権（4）』（有斐閣、補訂版、2006年）70頁、潮見佳男『新債権総論Ⅰ』（信山社、2017年）98頁参照。

[3]　勝本正晃『民法に於ける事情変更の原則』（有斐閣、1926年）567頁参照。

[4]　勝本・前掲注③588-589頁参照。

[5]　展开主要在一些具体适用的内容上，如迟延履行后的情事变更以及涉及金钱债务时的判断等。谷口＝五十嵐・前掲注②70頁以下参照。提炼主要体现在对要件论的整理和对适用范围的限定。潮見佳男『債権総論Ⅰ（第2版）債権関係・契約規範・履行障害』（信山社、2003年）215頁。

不当。[1]从效果论来看，五十岚清教授维持了胜本正晃博士的两段效果论，即第一段的效果为变更，第二段的效果为解除。[2]虽然，从要件论上来看，五十岚清教授的学说是对胜本正晃博士学说进行的提炼，但是不容忽视的一点是，五十岚清教授认为，情事变更不应再作为诚实信用原则的附庸而存在，而应当成为民法上的一个独立制度，在民法中占有自己的一席之地。[3]

在本次债权法修改中，虽然经过了多次讨论，但情事变更最终还是没能在修改法中获得明文化的地位。

（二）最高裁判所判决的要点

虽然在学说上，情事变更要求当事人未预见或无法预见，以及要求当事人不存在过错责任这两个要件已经确立了很久，但最高裁判所真正在判决中将其明确定式化是在本案中。[4]最高裁判所围绕这两个要件的议论，引申出情事变更的两个关键要点。下面将分别介绍这两个要点：

1. 情事变更中预见可能性主体身份

通过昭和50年的最高裁判所判决，可以知道高尔夫会员资格的让与并不仅限于债权，还包括优先使用权等合同上的地位。[5]对于合

---

① 五十嵐清『契約と事情変更』（有斐閣、1969年）152頁以下参照。
② 五十嵐清『契約と事情変更』（有斐閣、1969年）164-165頁参照。
③ 谷口知平＝五十嵐清『新版註釈民法(13)債権(4)』（有斐閣、補訂版、2006年）70-71頁参照。另外，关于效果论，虽然五十岚清教授维持了胜本正晃博士的两段效果论。但对此也存在这样的优先顺位是否合适的观点。橋本恭宏「判批」ジュリスト919号（1988年）89頁参照。
④ 小粥太郎「判批」窪田充見＝森田宏樹『民法判例百選 II（第8版）債権』別冊ジュリスト238号（2018年）83頁、石川博康「判批」法学協会雑誌（2000年）131頁参照。
⑤ 该判决中，会员资格被用作让与担保，在当事人无力偿还债务的情况下，被出卖给第三人。通过最高裁判所判决可以得出，当事人之间对于高尔夫会员资格的让与，首先在债权意义上的权利让与是有效的；其次在约定了让与须经经营者承认的情况下，优先使用、预托金返还这样的权利还需向经营者主张承认，若当事人事前承诺协助获得承认的，当事人应当协助第三人获得优先使用权、预托金返还请求权等会员权利。最判昭和50年7月25日民集29巻6号1147頁。

同上的地位，学说上一般认为合同发生让与，让与和继受的对象，并不局限于债权让与、债务承担，除了债权债务的转移，撤销权、解除权这样并不被包括在债权债务转移中的内容也将被视为转移对象。[①]而当合同被让与后，当事人之间的契约合同地位将被"当然地继承"，这一点在民法539条之二（当事人与第三人合意让与合同地位的情况下，若让与被合同另一方当事人所承认，合同的地位将转移给第三人）中被明文规定。就本案中最高裁判所判决而言，可以说在这份判决中，将A公司作为预见可能性及过错责任的判断主体，实际上明确了作为合同地位，即合同拘束力射程范围内的预见可能性以及过错责任，其判断标准应以合同最初的订立方为准，而不是之后的任何当事人，这一点应该说是裁判所第一次在判决中明确的内容。[②]也就是说，在合同地位的转移中，实际上默认被转移的应该是合同最初订立时，属于合同拘束力射程范围内的所有内容。但是，本案中有一点不容忽视，就是基于本案情况，这样的归责实际上更多体现出的是一种对债权人利益的保护。但如果结果能为债权人赢得更大的利益，即合同最初当事人不具备预见可能性，而之后继受的当事人具有预见可能性的情形时，本案中的处理方法是否依然适用，还是值得商榷的。[③]

2．预见可能性及过错责任

基于传统理论，谈及预见可能性及过错责任问题，必须先对合同的理论基础，即合同拘束力的理论进行理解。传统的合同理论是一种典型的基于债权总论的思考，即所谓的特定的人为（或不为）行为，其特点是在划定拘束力射程时，以履行请求权为核心。山本敬三教授将其抽象为"债权债务构成"，在这种构成中，合同的拘

---

①　中田裕康『債権総論（第3版）』（岩波書店、2013年）582頁、内田貴『民法Ⅲ（第3版）債権総論・担保物権』（東京大学出版会、2005年）244頁参照。

②　"这样的判断不仅对于最高裁判所来说是第一次，纵观下级裁判所的判决，也从未在其他判决中看见过关于这点的判断。不仅如此，在学说上，过去也没有过关于这点的明确讨论。"石川博康「判批」法学協会雑誌（2000年）132頁。

③　北山修悟「判批」法学教室210号（1998年）14頁。

束力被定义为"基于合同所发生的债权债务"。[①]基于此，合同拘束力的直接效果就是产生当事人为或不为特定行为的义务（或使当事人为或不为特定行为的权利），其直接引发的救济也被限定为履行请求权，而损害赔偿、解除这样的救济手段只能说是以债权债务为前提，在通过损害赔偿和解除获得救济时，需要对损害赔偿和解除的发生原因另作解释。[②]实际上，此时的债权和履行请求权在某种程度上发生了混同。

如上文所述，基于债权债务的构成要素，合同对债务者而言，实际上是一种必须履行的义务，而对债权者而言，是一种获得履行的权利。[③]从中可以窥见，无论是履行义务还是获得履行的权利，合同拘束力将只能直接导出履行请求权。也就是说，相比不属于合同拘束力的直接效果的解除和损害赔偿，能够直接被导出的履行请求权，理所当然地获得了优先的地位。[④]而履行请求权的优先地位，使得解除和损害赔偿需要寻找其他理论依据，此时，过错责任就

---

① 山本敬三「契約の拘束力と契約責任論の展開」ジュリスト1318号（2006年）88頁参照。不过需要注意的是，山本教授是在将理论高度抽象化后得出了这一结论。其在文中指出："但是，下面所讨论的传统理论，只是一种理想化的构型。"山本·同 88頁。纵观债权债务构成的演变过程，相关的理论有请求权中心体系、给付义务中心体系，以及债权者利益中心体系等。潮見佳男『債権総論Ⅰ（第2版）債権関係・契約規範・履行障害』（信山社、2003年）5頁以下参照。

② 山本敬三「契約の拘束力と契約責任論の展開」ジュリスト1318号（2006年）87-91頁参照。

③ 当然，传统理论下当事人直接的权利义务也并不仅限于给付行为，也逐渐接受了基于诚实信用原则的附随义务、保护义务等被纳入合同的内容。此时对于给付结果的实现而言，其实现对象应为"债务被实现后应产生的状态"，即以给付行为所产生的利益替代具体的给付行为成为合同目的，但这本质上还是一种通过请求给付而实现合同目的的构图，并不影响履行请求权由合同拘束力直接产生的地位。山本·前揭注①88-89頁、潮見佳男『債権総論Ⅰ（第2版）債権関係・契約規範・履行障害』（信山社、2003年）10頁以下、於保不二雄『債権総論（第2版）』（有斐閣、1972年）3頁・6頁、林良平（安永正昭補訂）＝石田喜久夫＝高木多喜男『債権総論（第3版）』（青林書店、1996年）4頁〔林良平〕、奥田昌道『債権総論（増補版）』（悠々社、1992年）3頁、我妻栄『新訂債権総論（民法講義Ⅳ）』（有斐閣、1964年）6頁参照。

④ 山本·前揭注①88-89頁参照。

责无旁贷地凸显出来了。根据修改前的民法中关于损害赔偿[①]和解除[②]的规定，在采取这两种救济手段时，要求债务人必须具有过错，实际上比起作为救济手段，此时二者的惩罚性意味更为浓厚。

当然，在这样的合同构图中，履行请求权的范围也并不是绝对的，抑或是说并不等同于当事人的意思自治内容。在意思自治的对立面，根据诚实信用原则，合同拘束力的范围界限被真正划定。而在合同中，情事变更扮演的角色也是为履行请求权划定界限，是一种对履行请求权乃至意思自治的限制。这样针对履行请求权进行限制，或是与意思自治相对立的手段，应当来源于诚实信用原则。既然情事变更来源于诚实信用原则，又与合同自由原则相对立，那么它的适用必须非常谨慎。无论是从胜本正晃博士的将情事变更作为诚实信用原则的附属的学说，还是从债权法修改会议中对于情事变更明文化的否定，都可见学界对情事变更持有的谨慎态度。这一点，实际上在本判决中也有体现。但本判决所做的判断，也并不是不存在争议。确实，就一般认识而言，只有因战争、大规模灾害、通货膨胀、法令的变更等情况造成的履行障碍中的当事人才应被认定为

---

① 虽然修改前民法第415条前半段，从字面上看迟延履行时并不要求过错，但日本传统民法只是理论上采用了迟延履行、不完全履行、不履行的三分体系，实际上参考第412条和第415条的关系可以发现，三分体系的存在意义是存疑的，或者更进一步说，日本民法并不需要对这样的下位概念进行细分，所以迟延履行的情况也需要过错，可以算是共识。小粥太郎「債務不履行の帰責事由」ジュリスト1318号（2006年）118頁、潮見佳男『債権総論Ⅰ（第2版）債権関係・契約規範・履行障害』（信山社、2003年）141頁以下、大村敦志＝道垣内弘人編著『民法（債権法）改正のポイント』（有斐閣、2017年）109-110頁〔加毛明〕参照。

② 但是修改前的民法是否能说完全适用过错责任原则，答案应该是否定的。修改前民法通过第559条，实际上允许了瑕疵担保责任（瑕疵担保责任并不要求过错责任）对有偿合同的准用，而在修改前，民法已经出现了由法定责任说向合同责任说的过渡，即瑕疵担保责任不再只作为特定物ドグマ（dogma）的兜底救济手段，而在特殊情况下（受领后）也适用于种类物。吉政知広「判批」窪田充見＝森田宏樹『民事判例百選Ⅱ（第8版）債権』別冊ジュリスト238号（2018年）104-105頁、森田宏樹『契約責任の帰責構造』（有斐閣、2002年）285頁以下参照。

不具有过错责任。[1]基于此，就本案中滑坡的规模而言，确实难以被评价为不具有过错责任。但是，在本判决中，仅通过"该高尔夫球场是通过对自然地形进行改造而建造出的"就推导出当事人有过错，在因果上是难以解释的。虽然也有人认为，通过和前述要件做对比可以勉强得出具有过错的解释[2]，但还是有些牵强附会。如果将滑坡解释为因地质变动带来的重大的履行障害（以巨额修缮费用为参考系），是否又能确定其具有过错责任呢？如果拘泥于过错责任，将来情事变更是否会陷入泥潭？这种担忧并不是空穴来风。仅凭每个人的主观判断来各圆其说，必然无法从客观角度得到具有说服力的结论。换一个角度思考，将过错责任列入情事变更的要件是否有必要？这一点在其他的判决中也能反映出来。过去在有关情事变更的判决中，过错责任也往往不被单独使用，而是被作为预见可能性的一个从属概念来使用。[3]再进一步来看，对于履行请求权乃至合同的拘束力而言，是否能通过一个比过错责任更合理的理论体系，来分配契约合同带来的风险？至少从现在看，这个问题若采用风险分配的理论体系，更能实现理论上的闭环。

另外，本案中的斜面修缮，确实可以被认为是考虑到了个案的特殊情况。作为经营者的A负有保证"通过对自然地形进行改造而建造出的高尔夫球场"维持其使用可能状态的义务，而对该高尔夫球场可能发生滑坡具有预见可能性。[4]虽然，根据合同中意思自治的内容，经营者负有维持该高尔夫球场使用可能状态的义务，但就算基于债权债务构成，当事人所需要尽到的维持使用可能状态的义务也并不是无限的，而应被限定在一定的注意义务范围内，而这个范围，应当是当事人所预见可能的范围。具体反映到本案中就是当事

---

① 谷口知平＝五十嵐清『新版註釈民法(13)債権(4)』（有斐閣、補訂版、2006年）71頁参照。

② 久保宏之「判批」法学教室209号（1998年）101頁。

③ 石川博康「判批」法学協会雑誌（2000年）136頁参照。

④ 小粥太郎「判批」窪田充見＝森田宏樹『民法判例百選Ⅱ（第8版）債権』別冊ジュリスト238号（2018年）83頁。

人究竟对滑坡和修缮预见到了多少，即建成后多久会发生多大程度的滑坡，预见的可能性并不应仅限于有或无，对于时间、程度等要素的把握也很关键。这点是过去通过判例法理已经被确认的、关于预见可能性的评价标准。[①]对于这点评价最常见的情形是不动产交易中的等价性被破坏，如对于价格变动幅度不大的（当事人主张4倍，法院认定的是附近土地价格上涨28.4%），裁判所认为变化程度并未超过当事人预见可能性。[②]与之相对的，在处理价格相较于合同签订时增长约620倍的案件时，裁判所认定这种情形是当事人未预见或是无法预见的，认为可以适用情事变更。[③]因此，如果考虑到本案中的程度因素，对于会发生让自治体连续多次要求整改，导致当事者花费巨额费用进行修缮的滑坡，当事者是否真的具备预见可能性，这点应该是存疑的。不过还有值得注意的一点是，参考最高裁判所过去的判决，对于战争中标的物（房屋）毁于战火这样严重程度的情形，都被认为不满足预见可能性的标准（但判决中合同订立于1944年，根据其他判决对当事人的预见可能性要求在正常情况下也会有所提高。[④]而且遭空袭的是卖方用来自住的房屋，若要评价为合同订立时作为基础的客观条件发生了变更，实在难以自圆其说）。[⑤]所以就评价标准的延续性来说，本案中最高裁判所也可以说是延续了过去严苛的判断标准，再加上本案中的施工情况也存在一定的问题，并不能说这样的判断完全没有道理。

（三）合同拘束力理论变化及影响

自上世纪末以来，有关新的合同理论的讨论开始逐渐进入人们的视野。前文注释中也有提到，在债权债务构成下的合同拘束力，也从过去的合同内容等于给付义务，逐步发展到了承认基于诚实信

---

① 久保宏之「判批」法学教室209号（1998年）101頁。
② 東京高判平成元年4月20日判時1313号131頁。
③ 仙台高判昭和33年4月14日下民9卷4号666頁。
④ 五十嵐清「判批」加藤一郎＝森島昭夫『不動産取引判例百選（第2版）』別冊ジュリスト112号（1991年）159頁参照。
⑤ 最判昭和29年1月28日民集8卷1号234頁。

用原则的附随义务及保护义务等也属于合同内容。通过合同义务的扩大化，债权人与债务人的关系也从过去单纯的债权债务的对立，发展成为具有共同目的，双方相互协助的关系。[①]可以看出，此时影响合同拘束力的因素也逐渐多样化，继续将合同简单等同于特定的人为或人不为特定行为，即将履行请求权置于优先地位的合理性也理所当然地受到了质疑。另外，在裁判所判决中，也出现了由过去的法定责任说向合同责任说转变的迹象。伴随着这样的变化，自然而然地出现了多种学说[②]，其中最引人注目，也相当重要的学说，应当属于合同构成的学说。

在合同构成下，合同责任并不局限于债权债务这样的构成，而是从其发生原因，即合同的角度出发进行考量。与忽视了合同发生原因的债权债务构成不同，在合同构成下划定合同责任时，特别注意考量合同的内容。[③]具体而言，合同构成仅仅将履行请求权视作救济手段的一种，在优先顺序上将过去履行请求权与损害赔偿以及解除这三方作为同等的救济手段，置于同等的优先级。当然，相比过去的合同拘束力只能直接导出履行请求权的情况，在合同构成下，损害赔偿与解除也将直接基于合同拘束力而产生。基于此，过错责任的判断，也将失去其容身之所。[④]因为损害赔偿也能直接通过合同拘束力导出，所以在划定合同责任时，责任的来源不再是过错责任，而是基于合同内容当事人各自负担的部分。由此可以看出，在合同构成下，需要考虑的问题由哪方当事人存在过错，变成了双方将如何分配并承担合同的风险。[⑤]以此类推，在合同构成下，关于损害赔

---

① 我妻栄『新訂債権総論（民法講義IV）』（有斐閣、1964年）6-7頁参照。

② 其中较为典型的是关系合同说。内田貴『契約の時代』（岩波書店、2000年）29頁以下参照。

③ 山本敬三「契約の拘束力と契約責任論の展開」ジュリスト1318号（2006年）91-92頁参照。

④ 山本・前掲注①91頁以下参照。

⑤ 目前比较主流的观点是参考法国法中的"手段债务・结果债务"。当然，过去也曾有过保证责任、过失责任的学说。潮見佳男『新債権総論 I』（信山社、2017年）380頁以下、潮見佳男『債権総論 I（第2版）債権関係・契約規範・履行障害』（信山社、2003年）267頁以下参照。

偿的范围，也将从相对因果关系说转向保护范围说，而判断双方基于合同内容所保持利益范围的时间点，也将被确定为双方合同订立时。[1]另外，在合同构成下，解除将不再作为一种惩罚手段来要求过错责任，而是成为使当事人从合同拘束中获得解放的救济手段。[2]因此，不履行形态的三分体系也能名正言顺地归于合同履行不适合理论一元。

当然，合同拘束力的理论变化也会对情事变更产生影响。在要件论上，因为合同拘束力理论，合同的救济手段抛弃了过错责任，转而采用风险负担分配的考量，情事变更自然也不再需要在要件中提及过错责任。也就是说，情事变更中的过错责任要件将由双方当事人对风险的分配要件所取代。对此，潮见佳男教授曾经明确提出一种用来替换过错责任的要件设想，即"对于情事变更的风险，应当是利益遭受损害的当事人并未承受的（风险）"。[3]将风险划分为当事人承受或未承受的，此时合同拘束力的内容将由当事人自律的规范（意思表示的内容），以及外界由交易习惯等产生的他律的规范产生，我们可将这部分内容称作合同的内在风险，这部分是由当事人所承受的。而超过内在风险的部分，我们可将其称为合同的外在风险，这部分外在风险在合同订立时，当事人对其不具有预见可能性，这部分外在风险也不属于合同拘束力的射程内的内容，因此，将其纳入情事变更的调整范围内也不会产生过去理论中那样的对立。[4]

根据以上所述的合同拘束力与情事变更理论所发生的变化，再结合本案的内容，应该可以推导出一些更合理的解释。对于前文中合同最初当事人不具备预见可能性，而之后继受的当事人具有预见

---

① 对于此，也存在反对的观点。潮见·前揭注③456页。

② 因为解除不再需要过错责任，将导致危险负担的存在意义消失。对此，修改后的债权法采取了折中手段，对危险负担赋予了履行拒绝权。

③ 潮见佳男『債権総論Ⅰ（第2版）債権関係·契約規範·履行障害』（信山社、2003年）225页。

④ 吉政知広『事情変更法理と契約規範』（有斐閣、2014年）52-65頁、潮見佳男『新債権総論Ⅰ』（信山社、2017年）106-107頁、潮見·前揭注①220-223頁参照。

可能性的情形，基于合同各方当事人所应负担的风险早已在合同订立时就已分配好，谈不上会对另一方当事人的利益造成影响。"虽然说（受让人）可能会对于可以预见的变动不努力采取回避措施，放任情事变更的利益损害发生"，"但是对于合同订立时，当事人无法预见并不可能被分配的风险，凭借合同订立后（产生）的预见可能性将其颠覆，这一点并无道理"。[①]当然，受让方可以通过明示行为表示自己愿意接受更多的风险，但此时就是通过新的意思表示改变合同内容了。不管怎么说，在未经意思表示的情况下，对合同的风险分配进行变更，与合同的基本原则相违背，采取这样的解释将使合同失去理论基础的支持，这一点毋庸置疑。

而就判决中的预见可能性及过错责任的内容，因为合同构成中并不需要过错责任，所以前文中提到的本判决中的过错责任，当然无法得到鲜明的体现，过错责任在实践中被预见可能性要件吞并的问题，就迎刃而解了。因为无需再将过错责任列入讨论的内容范围，此时需要讨论的就是当事人在最初合同订立时风险分配的问题，而这也将预见性和归责性两个问题真正名正言顺地统一成预见可能性这一个问题。参照过去最高裁判所判决中采取的严苛标准，本判决中的判断也并非没有道理。

四、结语

本次债权法修改后，民法第415条规定为："当债务的不履行不是因为根据合同的其他债务发生原因，或是社会通念（社会一般主体通常具备的共同观念）上不可归责于债务人的事由（而发生）时，不需要进行（损害赔偿）。"一方面，虽然从文字上看，法条仍在强调过错责任，但其提到的合同的其他发生原因和社会通念，其实就是"合同的趣旨"的不同表现形式。[②]当事人的责任来源被定义在意思自治所产生的规范和社会通念定义的他律性规范范围内，而这

---

① 石川博康「判批」法学協会雑誌（2000年）140頁参照。
② 潮見佳男『新債権総論Ⅰ』（信山社、2017年）370頁。

恰恰又是构成合同内在风险（当事人所承担的风险）的内容。所以，第415条和通过划分合同风险来确认赔偿责任的债权构成对待损害赔偿所采取的态度，可以说是一致的。[①]另一方面，第415条也保留了过去合同不适合责任一元化的构造；解除也通过分类为"催告解除"与"不经催告的解除"，与过去的过错责任做了切割。可以看出，在大的方向上，合同构成所提供的合同拘束力理论方案，已经成为一定意义上的共识。

此外，情事变更最终并未实现明文化。在会议中，实务界对于情事变更明文化的反对，无疑是对统一的合同观的形成的巨大阻碍。在确定履行请求权的边界，抑或是合同不履行造成的损害赔偿的免责事由这样的领域，实务家极力否定"合同的趣旨"[②]；而在情事变更领域，又反过来站在当事人意思自治的角度上反对情事变更，这样内部立场相互矛盾的合同观，无疑是今后需要修正的内容。[③]毋庸置疑，在宏观层面，对于未来将通过何种理论以实现情事变更的明文化，本判决还将用新理论进行解读，在此过程中，其无疑将继续发挥其现有作用。在微观层面，本判决作为最高裁判所的重要判决，在具体要件的构成上，即预见可能性的评价标准上采取的严苛态度，亦将成为将来判决中的重要参考。

[①] 大村敦志＝道垣内弘人编著『民法（債権法）改正のポイント』（有斐閣、2017年）118-119頁〔加毛明〕参照。但也不能说损害赔偿脱离了过错责任就采用了无过错责任，损害赔偿责任的归责不是二选一的。森田宏樹『債権法改正を深める−民法の基礎理論の深化のために』（有斐閣、2013年）28-29頁参照。

[②] 与之相对的特别强调"社会通念"。

[③] 吉政知広「事情変更の法理」安永正昭ほか監修『債権法改正と民法学Ⅱ』（商事法務、2018年）468-471頁参照。

立法动向

NEW LEGISLATION

日本《个人信息保护法》的最新修改及动向　　　　黄　柏

日本《个人信息保护法》的最新修改及动向

黄　柏[①]

一、引言

日本的《个人信息保护法》[②]最初制定于2003年5月，并于2005年4月起全面施行。然而随着信息通信技术的不断发展，对个人信息利用的需求也在不断增加，社会环境、国际环境也发生了变化，原本的法律已不足以应对诸多新的挑战。[③]

2015年9月，日本《个人信息保护法》进行了第一次修改，并于2017年5月起全面施行（以下简称"2015年法"）。[④]同时，该法在附则第12条第3款中规定，法律施行后，政府每三年就应当对个人信息保护相关的国际动向，及伴随信息通信技术的发展而出现、

①　黄柏，日本名古屋大学法学研究科博士研究生。笔者在写作过程中有幸得到稻叶一将老师的宝贵建议，在此致以深深的感谢。
②　『個人情報の保護に関する法律』（『個人情報保護法』）（平成15年法律第57号）。
③　首先，个人信息的使用需求不断增加，而判断个人信息的难度却不断增大。同时，伴随着大数据时代的到来，法律环境也需要做出相应的调整。此外，随着全球贸易的推进，跨境数据的流通也亟待限制。详见岩瀬ひとみ＝河合優子＝津田麻紀子編著西村あさひ法律事務所データ保護プラクティスグループ著『2020年個人情報保護法改正と実務対応』（商事法務、2020年）18頁。
④　2015年法涵盖个人信息定义的明确化、个人信息可使用化、个人信息保护的强化、个人信息保护委员会的设立、个人信息处理的国际化等多个方面。

发展的，与个人信息使用相关的新产业进行考察；在此基础上结合法律的实施情况，在必要时，制定新的措施——这条规定被称为"三年一改"规定。正是基于该规定，个人信息保护委员会（以下简称"委员会"）于2018年起，围绕2015年法的修改，展开了一系列的讨论，同时面向社会各界广泛征求意见。经过不断的调整与修改，完成了2015年法的法律修改草案。该法律草案于2019年6月5日在国会表决通过，并于当天公布，修改后的部分法律①已于同年12月12日起正式施行。目前，与新法相配套的政令、委员会规则及指导方针也在制定中，预计将于2022年6月前全面施行新法。

本文首先将简要介绍日本《个人信息保护法》的主要内容，并明确其在日本的个人信息保护法律制度中的角色及定位；其次，阐述本次修法的经过，并梳理修法涉及的六大方面内容及相关争议；最后，结语部分对本次修法进行了评价，并简述日本目前正在讨论的新一轮个人信息制度改革的内容及争议。

二、《个人信息保护法》的主要内容及定位

（一）《个人信息保护法》的主要内容

修改后的《个人信息保护法》共计7章，88条文。第1章为总则，对本法的目的、定义和基本理念做出规定；第2章对国家及地方公共团体的责任和义务做出规定；第3章对个人信息保护相关的政策做出规定，包括基本方针、国家及地方公共团体的政策、国家和地方的协作等；第4章对个人信息处理者的义务做出规定；第5章为委员会相关的规定；第6章为杂则；第7章为罚则。

（二）《个人信息保护法》的定位

《个人信息保护法》的第1章至第3章是日本信息保护制度的"基本法"；而第4章至第7章则是针对民间企业的规定。换言之，在日本有关个人信息保护制度的一般性规定在《个人信息保护法》

---

① 2020年12月12日起施行的主要是罚则部分。

的前3章，适用于所有主体。除此之外，有关政府部门的个人信息保护制度适用《行政机关个人信息保护法》及《独立行政法人等个人信息保护法》；民间组织则适用《个人信息保护法》的第4章至第7章。可以说，《个人信息保护法》是一部兼具普适性和个别性的独特法律。[1]日本的《个人信息保护法》兼采欧洲型立法及美国型立法之长，既采取了美国型的"事后限制"的做法，尊重民间企业的自主性，重视信息的流通和使用，又吸收了欧洲制定"一般法"的做法。[2]

三、2020年日本《个人信息保护法》的修改经过和主要议题

（一）修改经过

2015年法的修改由委员会确定方向、负责讨论有关本次修改的主要议题[3]、制作中期整理报告书[4]和最终大纲[5]等文件，并在讨论中

---

[1]　宇賀克也『個人情報保護法制』（有斐閣、2019年）14-15頁。

[2]　宇賀克也『個人情報保護法の逐条解説（第6版）』（有斐閣、2018年）26頁。

[3]　根据2015年法附则中"三年一改"的规定，第一届个人信息保护委员会在结束任期时，基于第一个五年（2014年1月1日特定个人信息委员会起算至2018年12月31日为止）委员会运营中的经验，结合2015年法的实施状况及社会经济形式的变化，整理了当时情况下的议题，在第83次个人信息保护委员会会议上作为交接事项提交给下一届的委员会。以此为基础，个人信息委员会于2019年1月28日在第86次个人信息保护委员会会议中公布了《三年一改相关讨论的着眼点》［第83回個人情報保護委員会（平成30年12月17日）］，大体上确定了本次修改有待讨论的诸多议题。

[4]　以这一文件为基础，个人信息保护委员会进行了更为详细和深入的讨论，并结合国内外有关政策、技术、商业发展的情况及消费者意见的分析，在汇整的同时，举行经济界的公听会，于2019年4月25日公布了本次修改的中间整理报告书。随后，该文件面向公众广泛征询意见，共收到来自137个团体、企业和个人共525件意见。详见『個人情報保護法いわゆる3年ごと見直し制度改正大綱』個人情報保護委員会官网<https://www.ppc.go.jp/files/pdf/200110_seidokaiseitaiko.pdf>，2021年10月18日访问。

[5]　委员会参酌征求到的意见，并及时关注社会动态、召开听证会，在经过24次审议后，于2019年12月13日公布了制度修改大纲。

面向社会广泛征求意见①完成修改法律草案，最终提交国会通过②。

（二）主要议题

虽然本次修法涵盖许多议题，但这些议题具有一些相同的出发点。具体包括：第一，本次修法重视对个人权利的保护。本次修法遵循《个人信息保护法》第1条所规定的本法目的，回应当今民众对个人信息的重视和关切，在本次修法中增设了更为完善的权利保障措施。第二，重视对个人权益的保护与对个人信息的使用这两者之

---

①　针对本次大纲，委员会再次向公众征求意见，收到889件意见。特别是针对有关个人信息的停止使用、信息泄露报告、国际移动设备识别码、假名化信息、未经用户许诺单方面发送广告邮件或向第三方提供其信息的行为（Opt-out）的限制等问题收到较多的意见。详见岩瀬ひとみ＝河合優子＝津田麻紀子編著西村あさひ法律事務所データ保護プラクティスグループ著『2020年個人情報保護法改正と実務対応』（商事法務、2020年）5頁。

②　随后，委员会再次结合本次收集到的意见并根据不断发展的社会情况做出调整。2020年3月10日，《个人信息保护法的部分修改法律案》通过内阁会议决定，于第201届通常国会上作为法律草案被提出。2020年6月5日，法律草案在参议院本会议表决通过，于2020年6月12日正式公布（令和2年法律第44号）。原则上，法律草案需经参众两院审议通过。一般而言，首先由众议院审议表决，再送参议院表决。

参见参議院官网< https://www.sangiin.go.jp/japanese/aramashi/houritu.html >，2020年3月20日访问。

其中，法律草案在众议院审议通过时，六项附带决议也一并通过。附带决议的内容包括，针对个人信息相关定义的保护对象、匿名加工信息及假名加工信息、泄露报告及向本人通知的义务化、个人权利的扩充、个人有关信息对第三方提供的限制等，应当基于本法意旨，在广泛细致地听取意见的同时，进一步明确有关标准和要件，规定必要的措施。与此同时，鉴于信息通信技术的飞速发展伴随而来的个人信息的频繁使用现象，兼顾个人权益的保护和个人信息使用的平衡，由委员会把握社会实时情况，可随时向政府请求进行包括制度面在内的及时讨论及必要措施的实施。随后，法律草案在送交参议院审议时，也追加了六项附带决议事项，包括禁止不当使用个人信息的具体实例的明确化，以及不限于2020年修法的、由于境外使用的增多带来的外国执行部门进一步的合作体制的建立问题，以及作为今后讨论议题的课征金制度和限制的一体化；为三年一改的顺利实施继续进行信息的收集和讨论；参考GDPR等外国的相关制度，为防止新型冠状病毒肺炎扩散的感染者接触应用程序在制作和使用中的注意事项等等。详见岩瀬ひとみ＝河合優子＝津田麻紀子編著西村あさひ法律事務所データ保護プラクティスグループ著『2020年個人情報保護法改正と実務対応』（商事法務、2020年）30-31頁。

间的平衡。本次修法以建立兼顾有关个人信息及与个人信息有关的技术革新成果、经济的发展，与个人信息保护这两者的制度为目标。第三，顺应国际潮流。电子化个人信息的使用已经在全球范围内发展，而本次修法也应充分关注本国制度与国际制度的协调和配合。第四，应对外国企业带来的风险。目前，海外企业提供的服务及跨境处理个人信息的商务日益增多，个人所面临的风险较此前也发生了变化，亟待建立能够应对这种风险变化的制度。第五，适应人工智能和大数据时代。在当前的时代背景下，个人信息的使用越来越多样化，个人已难以事先全面掌握本人信息的处理状况。因此，有必要采取适当措施，提供一个更为完善的环境，使得个人信息在本人可预测的范围内被妥善使用。[①]

四、2020年日本《个人信息保护法》修改的要点

本次修法基于上述几个出发点展开，涉及以下六个方面的内容：

（一）个人权利保护的强化

伴随着信息通信技术的发展，人们更加关心自身信息会被如何处理，也更加注重个人信息使用的安全性。本次修法从加强本人对个人信息的使用情况的掌握程度、简化了解渠道、拓宽了解范围等方面着手，强化了对个人权利的保护。具体包括以下几点措施：

1. 将短期持有数据（短期保有個人データ）纳入"持有个人数据"的范畴[②]

个人数据属于个人信息的一部分，而"持有个人数据"又是个人数据的一部分，指个人信息处理企业有权披露、修改、增删、停

[①]　『個人情報保護法いわゆる3年ごと見直し制度改正大綱』3頁。

[②]　参见2020年法2条7项：本法所称的"持有个人数据"，是指处理个人信息的企业有权披露、修改、增删、停止使用、抹消及停止向第三方提供的、由政令规定的其存在与否将有损害公益等利益危险的个人数据以外的个人数据。法条内容为作者自行翻译；日本的法条采用"条—项—款"的结构，本文所称的"项"等同于我国法律中的"款"，下同。

止使用、抹消及停止向第三方提供的、且不属于例外事项的个人数据。对这一部分数据，企业负有回应本人披露、修改及停止使用要求的义务。在2015年法中，例外事项包括政令规定的损害公益等其他利益的数据，以及6个月以内会被抹消的数据。这项规定主要是考虑到在保护个人权利的同时，对公益等其他利益的兼顾。[1]另外，以6个月期限作为例外事项的标准，也是考虑到短期内会被抹消的数据对个人权益产生危害的可能性较低，因此，作为例外事项排除在持有个人信息的范围外，避免施加给企业过重的负担。然而，基于安全性[2]、与现有基准的统一性[3]等考量，本次修法删除了关于这一例外事项的规定。

2. 推行持有个人信息披露方式的多样化[4]

根据2015年法的规定，本人有权向个人信息处理企业提出披露持有个人数据的要求。收到请求的企业必须向该个人披露，形式上以书面披露为原则。考虑到当下信息量愈加庞大的现状，动画和声音等不适合书面披露的信息也越来越常见，[5]书面方式的规定已不合时宜。在本次修法中，持有个人数据的披露方式由"以书面方式为原则"修改为"以本人指定方式为原则"，即企业负有依照本人指定的、含电子数据在内的个人数据的披露方式进行披露的义务。同

---

[1] 宇賀克也『個人情報保護法の逐条解説（第6版）』（有斐閣、2018年）82-83頁。

[2] 其实，即便是短期内会被抹消的信息，如在这一期间发生泄露，也会瞬间被扩散，造成无法逆转的损失。参见田中浩之＝北山昇『令和2年改正個人情報保護法Q&A』（中央経済社、2020年）4-5頁。

[3] 目前，在日本较为普及的个人信息保护标准《JISQ 15001 个人信息保护经营管理方式——要求事项》（『JISQ 15001 個人情報保護マネジメントシステム——要求事項』）中，短期持有个人数据也属于披露请求权的对象，已有部分企业采用该基准。松前惠環「個人データに関する個人の権利のあり方」ジュリスト2020年11月号31頁。

[4] 参见2020年法28条2项：个人信息处理企业在收到前项请求时，必须基于该项规定以本人请求的方式（在以该方式进行披露有困难时可以书面交付的方式披露），无延迟地披露该持有个人信息。

[5] 田中浩之＝北山昇『令和2年改正個人情報保護法Q&A』（中央経済社、2020年）13-14頁。

时，出于减轻企业负担的考虑，本人指定的披露方式因费用较高等原因有困难时，也允许以书面形式进行披露。

3．停止使用、信息抹除请求权、第三方提供禁止请求权要件的缓和①

2015年法及2020年法的第16条规定，企业在未先取得个人同意时，不得逾越达成目的的必要范围使用个人信息；第17条规定，企业不得以隐藏真实目的等不正当手段获取个人信息；第30条规定，在企业违反这两条规定时，本人可以请求企业停止使用或抹除一部分持有的个人数据。另外，在企业未经本人同意即向第三方及海外第三方提供信息时，本人可以请求停止。在本次修法中，除了上述情况外，又新增几种本人可以请求停止使用信息、抹除信息以及禁止向第三人提供信息的情形。新增的情形包括：企业的使用方式可能助长或诱发违法或不当行为时、企业已经不再具有使用和持有个人数据的必要时、发生个人数据泄露时，以及其他可能侵害本人正当利益②的情况。同时，从减轻企业负担的角度出发，2020年法也规定，在企业停止使用信息或停止向第三方提供信息存在产生高额费用等困难时，也可以采取其他能够保护个人权利的替代措施。

---

① 2020年法第30条与2015年法第30条相比，增设第5项及第6项规定：（第5项）本人在个人信息处理企业不再具有使用持有个人数据的必要时；以及发生本法第22条之2的第一项规定的情形等，对该个人数据的处理可能产生对本人正当权益的侵害的情形时，本人有权请求个人信息处理企业停止使用该持有个人数据或停止向第三方提供个人数据。（第6项）个人信息处理企业收到前项请求，在判明该请求理由成立后，应在得以防止本人权益受到侵害的情况下，无延迟地停止该持有个人数据的使用或对第三方的提供。但是，当对该个人数据的停止使用或提供存在产生高额费用等困难时，也可以采取保护本人权益的其他代替措施。

② 此处的"正当"应当做何种解释，法律并未明确。虽然即将出台的指导方针（ガイドライン）将会就此举出一些具体的例子作为参考，但如何设置具体可行的基准、判断要素等，尚需结合停止使用请求权的旨趣进一步探讨。参见松前惠環「個人データに関する個人の権利のあり方」ジュリスト11月号（2020年）35頁。

4. 披露请求权范围的扩大①

根据2015年法，在企业向第三方提供个人数据时，提供数据的企业和接收数据的第三方都有义务制作记录，这类记录被称为"第三方提供记录"。这一规定旨在增加信息流通的可追踪性，防止以不正当手段取得的个人信息层层流转。这条规定的出发点主要是便于监督部门进行监督，并未考虑到本人对信息的追踪需求。为了保障本人的停止使用请求权的行使，在本次修法中，将第三方提供记录也纳入本人可以请求披露信息的范围，确保了本人对自身信息的追踪权利。②

5. 未经用户许诺单方面发送广告邮件或向第三方提供其信息的行为（Opt-out）的限制③

根据2015年法，出于保护个人权利的考虑，原则上，未经本人同意向第三方提供个人信息的行为是被禁止的，但现实中这种行为未必会对个人权利产生直接的侵害。因此，权衡这种盖然性较小的侵害和要求企业必须事先获取本人同意的义务所产生的负担，④协调个人权利的保护以及相关产业的发展需求，⑤法律规定，除特定信息外，企业无需事先征得本人的同意，就可向第三方提供其个人信息。作为替代措施，⑥企业应通知本人或使本人处于易于得知的状态（以下简称"通知或公开"），同时向委员会呈报，呈报内容包括向第三方提供信息的使用目的，提供的项目、方法，应本人要求停止向第三方提供得以识别本人的个人数据及接受处理本人请求的方式。

但根据委员会的调查结论，这种行为实际上存在较大的隐患。

---

① 2020年法第28条与2015年法第28条是有关本人对个人信息处理企业请求披露的规定。在本次修法中增设第5项，规定"第三方记录"也准用本条第1项至第3项。

② 『個人情報保護法いわゆる3年ごと見直し制度改正大綱』13頁。

③ 参见2020年法23条2项。

④ 宇賀克也『個人情報保護法の逐条解説（第6版）』（有斐閣、2018年）165頁。

⑤ 同上，171頁。

⑥ 同上，173頁。

例如，以整理姓名、性别、住址、电话号码、邮件地址、信用卡号码等个人信息为业的"名簿屋（日本私人侦探及个人信息调查公司的一种）"，大多是以未经用户同意向第三方提供信息的方式来获取个人信息的。在这些个人信息中，包含信息持有者本人并未察觉就流通的信息，也包含一些通过非法和不正当手段取得的个人信息。同时，名簿屋还存在业内交易的情况。另外，部分企业并未履行呈报义务。因此，对2015年法对个人信息的保护流于形式的批评并不在少数。①

为限制这一类行为，本次修法从两个方面进行。首先，企业在未经本人同意向第三方提供信息时，需要向本人通知、公开，向委员会呈报的内容增加了"向第三方提供个人信息的企业的名称（法人代表姓名）、住址""个人信息的获取渠道""其他委员会规则中为保护个人权利和利益规定的必要事项"等项目；其次，本次修法新增了两种未经本人同意不得向第三方提供的信息类型，包括"通过欺骗等不正当手段获取的信息"和"从其他个人信息处理企业处，以未经本人同意向第三方提供的方式获得的信息"。概括而言，本次修法增设了对通知、公开、呈报事项的要求，增加了对可提供信息类型的限制，旨在降低个人信息在本人未察觉时被滥用的风险，强化对个人权利的保护。

（二）企业责任义务的增加

本次修法对企业提出了更多的要求，对企业的限制收紧。一方面，在特定类型的信息或超过一定数量的个人数据发生泄露时，新法增设了企业向委员会报告的义务；另一方面，"以可能助长或诱发违法、不当行为的方式使用个人信息"在新法中被明文禁止。

---

① 　同上，171页。

1. 数据泄露时，企业报告和通知义务的增设[1]

虽然关于"企业在数据发生泄露时向有关部门报告"的立法历来是国际主流，[2]但日本在2015年法中并未对此做强制性规定，仅规定了企业的"努力义务"，报告与否交由企业自行决定；是否通知本人，也属于企业能够自行决定的事项。但是，考虑到适时报告不仅有助于本人和委员会及时知悉并采取相应措施，也能为其他企业和监督部门提供参考，新法增设了向委员会报告的义务及向本人通知的义务。

新法规定，发生数据泄露时，当泄露的情况符合一定条件时，企业负有尽快向委员会或委任机关[3]进行报告的义务。目前，报告的条件还有待委员会规则的进一步细化，但在国会审议中已经确定了大致的方针。从泄露数据的性质、形态、规模等方面考虑，委员会拟将下列信息泄露的情况列入须报告的情形：敏感信息的泄露、通过非正当渠道的泄露、造成财产损失的泄露、不属于前述类型但超过一定规模的泄露。[4]

同时，新法规定，在数据泄露发生后，企业必须通知本人。但通知的方式和时间有待今后的委员会规则确定。如果通知本人有困难时，为避免给企业施加过重的负担，也允许采取其他保护本人权

---

① 2020年法与2015年法相比，在第22条下增设"第22条之2"：（第1项）个人信息处理企业处理的个人数据因违反个人信息保护委员会规则对泄露、灭失、毁损等方面的规定，可能无法保证个人数据安全，发生可能对个人权益危害较大的事态时，必须依个人信息保护委员会规则的规定，就该事态的发生向个人信息保护委员会报告。但是，该个人信息处理企业因受到其他企业委托，处理全部或部分个人信息，依个人信息保护委员会规则的规定，企业将此事态通知委托企业时则不在此限。（第2项）在前项规定的情形下，个人信息处理企业（依但书规定进行通知的除外），必须依个人信息保护委员会的规则对本人进行通知。对本人通知有困难，但采取了保护本人权益的必要替代措施的，则不在此限。

② 岩瀬ひとみ＝河合優子＝津田麻紀子編著西村あさひ法律事務所データ保護プラクティスグループ著『2020年個人情報保護法改正と実務対応』（商事法務、2020年）70-74頁。

③ 即代为行使委员会权限的机关。

④ 第201回国会・衆議院・内閣委員会令和2年5月22日、第201回国会・参議院・内閣委員会令和2年6月4日。

利的替代措施。

2. 信息不当使用的明确禁止[①]

2015年法中明确禁止不当获取信息，但对获取后信息的不当使用却缺少限制。在本次修法中，新增了禁止个人信息处理企业以可能助长或诱发违法、不当行为的方式使用个人信息的规定。

在当今数据分析技术飞速发展的背景下，对个人信息的不当使用未能得到有效限制。虽然何为"不当"尚待结合法律规定、个案情况和社会常识进一步判定，[②]但基于目前委员会相关工作人员的说明，"助长差别化"及"有违法嫌疑的组织获取名簿"都属于信息使用不当的范畴。[③]

（三）企业自我限制的引导

日本十分重视通过民间行业的自治来实现对个人信息的保护，这种将企业自主成立的组织作为法律机构重要组成部分的制度，是日本个人信息保护法制的一大特色。[④]

2015年法中规定的"认定个人信息保护团体"（以下简称"认定团体"），指民间以行业为单位，自发组织的受到委员会认定的机构，是以保证业务对象企业妥善处理个人信息为目的的团体[⑤]。另

---

① 2020年法16条之2。

② 例如，2018年12月开设的"破产者地图"免费网站制作并公开了标记有破产者姓名和住所的地图，因侵犯个人隐私权饱受批评。网站后来在委员会的行政指导下关闭，公开行为本身并未违法。尽管如此，这种形式的个人信息使用被认为可能招致破产者遭受歧视，与破产法给予债务人在经济上的再生机会的意旨相悖，属于个人信息的不当使用。参见朝日新聞デジタル2019年12月16日「個人情報『適正な利用義務』保護法の改正大綱発表」＜https://digital.asahi.com/articles/ASMDF4T7CMDFULFA016.html＞2021年3月20日访问。

③ 田中浩之＝北山昇『令和2年改正個人情報保護法Q&A』（中央経済社、2020年）58-59頁。

④ 『個人情報保護法いわゆる3年ごと見直し制度改正大綱』17頁。

⑤ 该团体的业务内容包括处理有关个人信息的投诉、提供促进个人信息妥善处理的相关信息，以及其他有助于对象企业妥善处理个人信息的必要活动，例如，对对象企业的员工进行研修培训、进行资料收集和调查研究、宣传投诉处理相关业务等等。参见園部逸夫＝藤原静雄『個人情報保護法の解説（第二次改訂版）』（ぎょうせい、2018年）329頁。

外，认定团体还有根据行业特性制定具有行业自治性质的"个人信息保护方针"的义务。同时，必须采取必要的指导、劝告或其他措施确保方针的执行。

目前，认定团体多以行业为单位[1]，以行业内的对象企业为业务对象，存在一定的局限性。例如，与网络相关的行业往往具有多样化的特点，这类行业内的企业加入认定团体的意愿较低。另外，目前认定团体的业务对象往往涵盖对象企业的全部业务内容，这难以满足自身业务范围涉及多个行业内的企业的要求。[2]因此，在本次修法中，委员会考察了这一制度在实际运行中的效果，打破了一般以行业为单位成立认定团体的传统，在原有制度的基础上，也将推行关于企业的特定领域和部门业务的团体认证，从而对企业内部个人信息的使用实现较为灵活的限制。[3]

另外，为进一步确保"个人信息保护指针"的有效执行，除了此前认定团体可对企业进行指导和劝告的规定之外，赋予认定团体"一定情形下可将特定对象企业从认定业务对象中除名[4]"的权力，以便于其更好地发挥自身职能。[5]

---

① 目前，安保业、证券业、银行业、信托业、电力通信业、医疗业等都有自己的认定个人信息保护团体。例如，证券业有日本证券业协会，保险业有一般社团法人生命保险协会、一般社团法人日本损害保险协会、一般社团法人外国损害保险协会等。详见宇賀克也『個人情報保護法の逐条解説（第6版）』（有斐閣、2018年）286頁表1。

② 『個人情報保護法いわゆる3年ごと見直し制度改正大綱』17-18頁。

③ 2020年法第47条下新设第2项："前项的认定，可限定在个人信息处理对象企业的业务种类及业务范围内。"

④ 参见2020年法第51条1项："认定个人信息保护团体，必须以同意成为其认定业务对象的企业为对象企业。在此情形下，第53条4项规定之外，对象企业不遵守同条第1项规定的个人信息保护方针时，认定个人信息保护团体可将该对象企业从认定业务的对象中除名。"

⑤ 岩瀬ひとみ＝河合優子＝津田麻紀子編著西村あさひ法律事務所データ保護プラクティスグループ著『2020年個人情報保護法改正と実務対応』（商事法務、2020年）106頁。

（四）数据使用、活用的促进

1. 假名加工制度的导入①

2015年法为保护个人权利、利益和个人隐私，旨在创造一个既有利于新行业和新服务的产生，也让国民安全、安心的社会环境，创设了"匿名加工信息"制度。所谓匿名加工信息，是指经过加工无法再识别特定的个人信息。该类信息具有较为严格的加工标准，制作完成后，要求对信息的内容做出较为详细的公示。这一制度虽然能起到保护个人权利的效果，但对企业而言，较难实现对信息的高效使用。作为兼顾个人信息安全性与企业创新性的折中做法，本次修法中引入了"假名加工信息"这一概念。所谓假名加工信息，是指通过"未经与其他信息对照，则无法识别特定个人"的加工方式得到的信息。该类信息的加工主要以促进企业内部的数据分析和使用为目的，因此对企业内部使用的限制较少，但该类信息的对外提供仍有较为严格的限制。

2. 个人关联信息有关限制的明确化②

依据2015年法，企业向第三方提供个人数据时须经本人同意；即使信息的接收方无法认识到该信息属于个人信息，作为信息提供者的企业仍应履行这一义务。但是，近年来数据管理平台（DMP）日渐普及，③储存在用户本地终端上的数据（Cookie）虽不属于个人信息，但它与其他信息相比照就可能关联到个人。在这一背景下，对既不属于个人信息也不属于匿名加工信息或假名加工信息的、与个体生存相关的信息若不加以限制，必然会对个人权利造成极大的

---

① 2020年法在第35条以下增设了第2条款"假名加工信息处理企业等的业务"，对假名信息加工做出规定，包括第35条之2（假名加工信息的制作）、第35条之3（假名加工信息向第三方提供的限制）。

② 2020年法第26条之2，对"个人关联信息"做出规定，并对处理该类信息的企业的义务做出新的规定。依该条定义，"个人关联信息"是指与个人生存有关的但不属于个人信息的假名加工信息、匿名加工信息等信息。Cookie、IP地址等即为典型的例子。

③ 『個人情報保護法いわゆる3年ごと見直し制度改正大綱』24頁。

侵害。在本次修法中，进一步明确了企业在处理该类信息时的义务：与个人关联的信息处理企业在可事先预见个人关联信息会被作为个人数据获取时，如未依据委员会规则进行确认，则不得向第三方提供该个人关联信息。[1]同时，该类信息在向第三方提供时，也必须征得本人的同意。[2]

（五）惩罚力度的加强

为进一步抑制企业违反命令、虚假报告的行为，提高制裁的实效性，本次修法加大了处罚力度，试图通过"重罚"达到遏制违法的效果。例如，依据2015年法，违反措施命令的法定刑为6个月以下有期徒刑或30万日元[3]以下罚款；修法后，违反措施命令的法定刑升级为1年以下有期徒刑或100万日元以下罚款。[4]违反报告义务和个人信息数据库使用不当的法定刑也相应升级。[5]

（六）法律的境外适用及数据跨境转移的限制

本次修法中，把在日本国内从事个人信息处理或匿名加工业务的外国企业也纳入了委员会可以要求收集报告、下达命令的对象范围。当外国企业不遵守命令时，委员会可以就该情形进行公示。[6]

五、结语

本次修法涵盖多个维度。《个人信息保护法》在修改过程中，听取多方的意见，通过调查等方式把握社会现实情况，对数据分析平台、新型互联网企业的出现、跨境数据的流通等新议题均有所涉

---

[1] 参见2020年法第26条之2第1项原文。
[2] 参见2020年法第26条之2第1项1号。
[3] 以2021年3月21日汇率换算，10万日元约合人民币5980元。
[4] 参见2020年法第83条。
[5] 参见2020年法第84条、第85条。
[6] 参见2020年法第75条。

及。日本的个人信息保护制度对"保护"和"使用"平衡①的探索也在继续。总体而言，本次修法中增设了不少有关个人权利保护的规定，被评价为"极大地促进了个人信息保护，进一步拉近了日本个人信息保护制度与欧盟一般数据保护条例（GDPR）的距离"。②

值得注意的是，虽然2020年《个人信息保护法》刚刚修改，个人信息法制的新一轮变革却已在酝酿之中。目前，日本在内阁下设置了独立的行政机关"数字厅"，全力推行国家和地方的数字化。2021年5月9日，《为建成数字化社会对有关法律的整备法》（「デジタル社会の形成を図るための関係法律の整備に関する法律」，以下简称《整备法》）在国会表决通过，并分为两部分实施。第一部分包括《个人信息保护法》《行政机关个人信息保护法》和《独立性行政法人等个人信息保护法》的一体化，定于2022年5月18日前（政令规定的日期）实施；第二部分包括《个人信息保护法》和各个地方公共团体的个人信息保护法的一体化，定于2023年5月19日前（政令规定的日期）实施。换言之，在不久的将来，日本将从横向上统一目前"官民分治"的法律体系，也将从纵向上统一国家与地方的法规，建立独立一元的监督机构，在保护个人权利的同时，也促进数据的使用和活用。③其中，《整备法》的第50条和第51条涉及

---

①　本次修法，加强了对个人权利的保护，同时也增加了企业的负担。这些新举措是否具有良好效果，仍需要考察和检验。松前恵璟「個人データに関する個人の権利のあり方」ジュリスト2020年11月号35頁。

②　宇賀克也「個人情報保護法の改正」行政法研究35号XIII-XIV頁。

③　2019年12月，内阁下成立了"个人信息保护制度修改工作小组"。工作小组围绕日本《个人信息保护法》《行政机关个人信息保护法》《独立性行政法人等个人信息保护法》三部法律的统合展开讨论。同时，为确保未来一元法制与地方的个人信息法制的整体性和协调性，也就地方的个人信息法制的修改方向展开讨论。2020年12月，工作小组公布了《有关个人信息保护制度修改的最终报告》，新制度的建立已被提上议程。

该报告参见「個人情報保護制度の見直しに関する最終報告（概要）」内閣官房官网<https://www.cas.go.jp/jp/seisaku/kojinjyoho_hogo/pdf/r0212saisyuhoukoku_gaiyou.pdf>。相关法案的信息参见众议院官网<https://www.shugiin.go.jp/internet/itdb_gian.nsf/html/gian/menu.htm#09>。访问日期：2021年10月18日。

对刚刚修改的《个人信息保护法》的再次修改问题。具体而言，包括个人信息保护法规的一体化和个人信息定义的统一；对医疗和学术领域法人适用规则的统一；对除学术研究外规定的修改与精细化处理；对匿名加工信息相关规则的统一；等等。

当然，在制度革新的过程中，"信息使用与个人信息自决权""一体化法制与地方自治[①]"等矛盾[②]仍待进一步解决，对个人信息保护制度的理论基础和目的也需要重新审视。[③]这些问题值得我们进一步关注。

---

① 目前，日本的各个地区各自制定了个人信息保护条例，其中部分规定和标准并不统一，这给信息的共享和利用带来了障碍，即日本所存在的"2000个问题"。这目前是一体化个人信息保护法制的建设中的重要议题之一。详见本多滝夫「地方行政デジタル化の論点—自治体DXと地方自治—」榊原秀訓＝岡田知弘＝白藤博行『「公共私」・「広域」の連携と自治の課題（地域と自治体第39集）』（自治体研究社、2021年）。

② 稲葉一将「行政のデジタル化と個人情報保護」白藤博行編著『デジタル化でどうなる暮らしと地方自治』（自治体研究社、2020年）47-51頁。

③ 目前，日本的个人信息保护法由法律、政令、规则、指导方针等构成，其中的权利义务关系较为复杂。有学者认为，在目前讨论推进一元化法制的背景之下，必须通观全部制度，设计出可以通过"民主政治中作为核心控制手段的法律"进行限制的新制度。另外，目前个人信息保护法规主要是采取义务本位设计。在目前的法规中对假名加工信息处理企业、匿名加工信息处理企业、个人关联信息处理企业等主体的义务分别做出了规定。有学者建议，应当借鉴GDPR权利本位的设计，先确定个人信息保护法制的目的，而非拘泥于义务主体，进而从本质上着手去解决问题。参见宮下紘「個人情報取扱事業者等の新たな義務」ジュリスト2020年11号41頁。

学界回顾

RESEARCH OVERVIEW

2020年日本宪法学研究综述

申绯阳①

一、引言

本文旨在对2019年10月至2020年10月间日本国内公开发表的宪法学文献进行整理、介绍。为最大程度忠实于日本宪法学界的研究情况，本文在撰写原则和文献的选择上，主要参考了同年《法律时报》刊发的《2020年学界回顾》②之宪法篇，以及《公法研究》中的"学界展望"③。由于篇幅限制及笔者学识有限，本文难免有不足之处，若能为国内关心日本宪法学的读者提供一些参考，笔者将不胜荣幸。

二、2019—2020年日本的政治动向

2020年新型冠状病毒肺炎疫情（以下简称"新冠肺炎疫情"）的突然爆发，对世界各国来说都是严峻的挑战。日本为防止感染范围扩大，于2020年4月7日依据《新型流行性感冒等对策特别措施法》向七个都道府县发布了紧急事态宣言，于16日将紧急事态宣言扩大至全国范围，呼吁民众减少不必要的外出，并要求餐饮业缩短营业时间。但是该宣言并没有规定相应的处罚，在这种意义下这些措施

① 申绯阳，日本早稻田大学法学研究科博士研究生。
② 尾形健・上田亮介・井上物武史・櫻井智章・山本健人「2020年学界回顾」法律時報1158卷（2020年）。
③ 木下和朗・佐々木弘通・田近肇「学界展望　憲法」公法研究82号（2020年）。

带有一定的"请求"意味。修改法案以及紧急事态宣言引发了宪法学界的关注和讨论。一段时间以来，宪法学界在非常事态、和平与战争、灾害、风险等领域积累了相当多的研究成果。与直接修改法律下达禁止民众外出或者停业的命令相比，认真讨论该命令的合理性和必要性似乎是更为符合近代立宪主义的做法。此外，安倍政权下台、菅义伟新政权上任、东京奥运会延期等一系列热点问题成为本年度宪法学的研究背景。

三、宪法总论

（一）宪法总论

驹村圭吾、待鸟聪史编著的《统治的设计》①一书的内容主要是政治学者与宪法学者围绕20世纪90年代以后日本统治机构改革带来的宪法体制的改变，横跨"安全保障""代表""议会""内阁""司法""财政"以及"地方自治"领域展开的对话。栗田佳泰出版的《自由主义·国家主义宪法学》②一书架起了基础理论与宪法解释论之间的桥梁。此外，岩间昭道的《合法性与正当性》③、栋居快行的《宪法的原理与解释》④、辻村美代子的《法国宪法史与立宪主义》⑤等⑥诸多研究成果相继问世。

---

① 駒村圭吾＝待鳥聡史『統治のデザイン』（弘文堂、2020年）。
② 栗田佳泰『リベラル・ナショナリズム憲法学』（法律文化社、2020年）。
③ 岩間昭道『合法性と正当性』（尚学社、2019年）。
④ 棟居快行『憲法の原理と解釈』（信山社、2020年）。
⑤ 辻村みよ子『フランス憲法史と立憲主義』（信山社、2020年）。
⑥ 小関康平『前憲法的国家の法理論』（三恵社、2019年）；長谷部恭男「認定のルールと憲法典の間」早稲田法学94巻4号（2019年）；佐藤幸治「講演／法を学ぶことの意義とそれに伴う責務」法政研究86巻1号（2019年）；藤田忠尚「『手続的立憲主義』の概念　試論」北九州市立大学法政論集47巻1・2号（2019年）；工藤遠朗「立憲主義の概念と歴史」中央ロー・ジャーナル16巻3号（2019年）；田中成明「法の支配と裁判を受ける権利（1）（2）完」民商法雑誌156巻1号、6号（2019年）；林知更「書き割りの背後へ」論究ジュリスト32号（2020年）；石村修「政府の憲法解釈」専修ロージャーナル15号（2019年）；横大道「講演録/憲法判例の射程を知る」広島法科大学院論集16号（2020年）。

（二）和平主义、安全保障

本年度，宪法学领域的研究作品陆续发行，呈现出一片繁荣景象。例如，浦田一郎所著的《自卫队加宪论的展开与构造》[①]，对将自卫队写入宪法条文这一问题做出分析；长谷部恭男的《战争与法》[②]通观欧美战争史，描述了立宪主义体制间的斗争。此外，还可参考后藤光男的《作为人权的和平》[③]、笠原十九司的《宪法第九条与币原喜重郎》[④]等[⑤]的研究成果。

此外，本年度还发表了围绕宪法学说展开的研究成果。铃木敦的《从第9条学说史看待"宪法学说"的规制力》[⑥]追溯了宪法第9条的学说发展史，并对今后的学说发展做出展望。斋藤正彰的《宪法第9条的解释与学说的现状》[⑦]详细整理了关于保持自卫力的相关宪法学说，并关注了宪法解释的问题。

（三）宪法修正、宪法保障、紧急事态

本年度，学界对宪法修改问题的讨论并不活跃，可参考刊登在《法律时报》的特别企划之《宪法修改问题与新闻自由》[⑧]等[⑨]。

关于紧急事态问题，数年之前学界对此讨论较为活跃，今年则有所停滞，主要可参考松浦一夫的《日本宪法与国家紧急事态》[⑩]、

---

① 浦田一郎『自衛隊加憲論の展開と構造』（日本評論社、2019年）。

② 長谷部恭男『戦争と法』（文藝春秋、2020年）。

③ 後藤光男『人権としての平和』（成文堂、2019年）。

④ 笠原十九司『憲法九条と幣原喜重郎』（大月書店、2020年）。

⑤ 前田朗『憲法9条　再入門』（三一書房、2020年）；稲正樹「沖縄・辺野古新基地建設問題」法と民主主義541号（2019年）；杉浦ひとみ「『戦争法』の違憲性、歴史への冒涜を問う」法と民主主義541号（2019年）。

⑥ 鈴木敦「9条学説史から見た『憲法学説史』の規整力」法律時報92巻3号（2020年）。

⑦ 斎藤正彰「憲法9条の解釈と学説の現況」北大法学論集71巻3号（2020年）。

⑧ 「特集　憲法改正問題と報道の自由」法律時報92巻2号（2020年）。

⑨ 山内敏弘『安倍改憲論のねらい問題点』（日本評論社、2020年）；清水雅彦『9条改憲』（高文研、2019年）；小沢隆一「平和と9条をめぐる岐路の年」前衛：日本共産党中央委員会理論政治988号（2020年）；小林武「沖縄·安保法制違憲訴訟における『憲法改正·決定権』の主張について」愛知大学法学部法政論集220号（2019年）。

⑩ 松浦一夫「日本国憲法と国家緊急事態」防衛法研究43号（2019年）。

山中伦太郎的《内阁宪法调查会上如何考量非常事态条款及紧急事态条款》①。关于感染病对策的法制研究，可参考《感染症对策的正义与法》②特辑等③。

（四）宪法史、思想史

关于日本宪法史的研究，可参考赵頔的《近代日本请愿制度研究（1）-（5）完》④、吴迪的《近代中国的宪法制定与明治宪法》⑤、铃木敬夫的《战前朝鲜的"皇国臣民化"与人权》⑥等⑦。关于外国宪法史的研究，可参考阿部和文的《表现·集体·国家》⑧，山本隆彦、大林启吾编著的《美国宪法的群像 法官篇》⑨，春山习的《Sieyes宪法思想的再讨论》⑩等⑪。

---

①　山中倫太郎「内閣憲法調査会において非常事態条項・緊急事態条項はどのように考えられたか」防衛法研究43号（2019年）。

②「特集　感染症対策の正義と法」法律時報92巻9号（2020年）。

③　永井幸寿「新型コロナウイルス流行と緊急事態条項」科学90巻6号（2020年）；稲正樹「世界各国のCOVID－19と緊急事態法制」法と民主主義548号（2020年）；小沢隆一「新型コロナ感染症対策に便乗する緊急事態条項改憲論」法と民主主義548号（2020年）；奥田喜道「ドイツにおける新型コロナウイルス感染症への対応」法と民主主義549号（2020年）；高橋利安「期間限定と比例性の原則」法と民主主義549号（2020年）。

④　趙頔「近代日本の請願制度の研究（1）-（5）完」名古屋大学法政論集276号-283号（2019年）。

⑤　呉迪「近代中国の憲法制定と明治憲法」法政論究122号（2019年）。

⑥　鈴木敬夫「戦前朝鮮の『皇国臣民化』と人権」札幌学院法学36巻2号（2019年）。

⑦　小林武「奄美群島の日本復帰と沖縄との関係」愛治大学法学部法政論集221・222号（2020年）211-232頁；赤坂幸一「最高裁判所の形成過程と團藤重光文書」福島至編『團藤重光研究』（日本評論社、2020年）。

⑧　阿部和文『表現・集団・国家』（信山社、2019年）。

⑨　山本隆彦＝大林啓吾編『アメリカ憲法の群像　裁判官編』（尚学社、2020年）。

⑩　春山習「シィエスの憲法思想の再検討」早稲田法学94巻4号（2019年）。

⑪　李黎明「中国法における『司法解釈』の在り方」福岡大学法学論叢64巻2号（2019年）；北村貴「オーストリア憲法の基本原理」比較憲法学研究31巻（2019年）；岩切大地「英国のEU離脱」法学教室473号（2020年）。

（五）天皇制

在新旧天皇交替之际，是否可以通过特别法解决天皇退位的问题引起了学界的关注，关于该问题的宪法讨论可参考仲野武志的《关于天皇退位的皇室典范特例法（一）（二）（三·完）》[①]。蚁川恒正的《天皇的宪法解释》[②]尝试挑战一直以来的通说，承认天皇享有拒绝内阁提出的从事非国事行为要求的自由。此外，还可参考金子胜的《天皇"生前退位"之考察》[③]、榎透的《宪法与天皇制度》[④]。

（六）比较宪法

关于比较宪法的研究横跨了美、法、德、英等多个国家，主要论文包括：手塚崇聪的《比较宪法学中相关"参考"的意义》[⑤]，该文分析了加拿大最高法院对国际法规范及外国判例从"接受国"到"输出国"的变化轨迹；以美国宪法中的法律合宪性判断方法为研究对象的《立法者意思的不当性与违宪审查：以Richard H. Fallon, Jr. 的主张为线索》[⑥]；关于德国联邦宪法法院的一般性平等审查模式的《联邦宪法法院中一般性平等原则审查的变迁》[⑦]等[⑧]。

---

① 仲野武志「天皇の退位等に関する皇室典範特例法について（一）-（三·完）」法学論叢185巻4号-6号（2019年）。

② 蟻川恒正「天皇の憲法解釈」法律時報91巻9号（2019年）。

③ 金子勝「天皇の『生前退位』の考察」立正法学論集53巻1号（2019年）。

④ 榎透「憲法と天皇制度」専修法学論集136号（2019年）。

⑤ 手塚崇聡「比較憲法学における相互『参照』の意義」比較憲法学研究31号（2019年）。

⑥ 高橋正明「立法者意思の不当性と違憲審査：Richard H. Fallon, Jr.の所説を手がかりに一」帝京法学33巻2号（2020年）。

⑦ 辛嶋了憲「連邦憲法裁判所における一般的平等原則審査の変遷」一橋法学18巻3号（2019年）。

⑧ 三上佳祐「フランス第二共和制と大臣責任制：国家元首有責原則と大臣責任原理の疎外化をめぐって」早稲田法学94巻4号（2019年）；田中美里「フランス憲法院判例における『公序（order public）』の概念」一橋法学18巻3号（2019年）。

四、人权总论

（一）人权基础理论

近年来，将宪法权利区分为"内容确定型权利"和"内容形成型权利"的观点广为流传。高桥和之、毛利透的《如何看待宪法学的现在》[1]一文是以高桥宪法学，特别是人权论和宪法诉讼论为焦点进行的研究，此外，还对通常被认为属于内容形成型权利的选举权确定为内容确定型权利的目的及意义进行了说明。另外，清水润在《Lochner判决与革新主义的再探讨》[2]中论述了认为普通法权利受宪法保障的美国传统法思想，提出了对于区分"内容确定型权利"和"内容形成型权利"的疑问。

关于私人间效力的论文大多刊登在《宪法的规范力》[3]上面，遗憾的是多数为已发表论文的再次发表或对其的修改。

（二）人权的主体

关于残疾人的人权，横藤田诚在《精神障碍与人权》[4]一书中，从人权论的观点出发，讨论了强制入院体系和《精神保健福祉法》等关于精神障碍的问题。此外，该书还考察了设置精神障碍者所使用的设施时与当地社会的纷争，以及面对精神障碍者的社会应有状

---

① 高橋和之＝毛利透「憲法学の現在をどう見るか」憲法研究5号（2019年）。

② 清水潤「Lochner判決と革新主義の再検討」比較憲法学研究31号（2019年）。其他相关资料还可以参考：奥忠憲「フランスにおける友愛原理に基づく連帯罪違憲判決とその意義」近畿大学法学67巻1・2号（2019年）；大野悠介「具体的人間観・社会法と人権論・憲法上の権利論」慶應法学43号（2019年）；成原慧「『法に従わない自由』と『アーキテクチャに従わない自由』」法政研究86巻3号（2019年）。

③ 小山剛「憲法にとって私法はどこまで特殊か」ドイツ憲法判例研究会『講座　憲法の規範力』（信山社、2020年）；武市周作「価値秩序論と基本法における憲法上の価値」ドイツ憲法判例研究会『講座　憲法の規範力』（信山社、2020年）；小山剛「基本権の私人間効力・再論」ドイツ憲法判例研究会『講座　憲法の規範力』（信山社、2020年）；棟居快行「私人間効力論・再訪」ドイツ憲法判例研究会『講座　憲法の規範力』（信山社、2020年）。

④ 横藤田誠『精神障害と人権』（法律文化社、2020年）。

态，这是非常宝贵的内容。

麦克林判决是关于确立外国人的人权享有主体性的判决。泉德治在《麦克林判决的错误之处》[①]中指出，该判决提出的对外国人的宪法基本人权保障，只不过是在"外国人在留管理制度"的框架内做出的，并非对法务大臣在留处分权的约束，并且理论上，这也属于国际人权法上"明显的错误"，有必要尽快做出修改。

（三）幸福追求权

1．总论·自我决定权·新型权利

对于学界早已意识到的《流感预防法》和《优生保护法》中存在的问题，水林翔在《日本优生法制的成立及其理论》[②]中回顾了日本的优生思想及优生法制，指出"对科学技术的盲目态度"是其主要特征，还指出从科学与法的关系这一现代论点方面，对这一思想及法制进行讨论的重要性。

分居父母与子女的会面交流权是一个重要的课题，该问题还引发了国家违宪赔偿诉讼。二宫周平在《会面交流的权利性（1）-（3）完》[③]中回顾了各个时期关于会面交流权的学说，阐明了会面交流权在法律构成中应该作为人格权。

2．隐私权

在由新冠肺炎疫情导致的多种局面下，存在很多与隐私权相关的问题。高桥郁夫等的著作《新型冠状病毒与隐私权》[④]根据国际动向加入了对接触跟踪系统等问题的讨论。

实原隆志的《信息自我决定权及其制约法理》[⑤]中提到了从德国

---

① 泉徳治「マクリーン判決の間違い箇所」判例時報2343号（2020年）。

② 水林翔「我が国における優生法制の成立とその論理」流通経済大学法学部流経法学19巻2号（2020年）。

③ 二宮周平「面会交流の権利性（1）-（3）完」戸籍時報785号、787号、789号（2019年）；江藤祥平「『個人として尊重される』とはどういうことか」論究ジュリスト33号（2020年）；古谷貴之「AIと自己決定」産大法学53巻2号（2019年）；中曽久雄「旧優生保護法と憲法13条」愛媛大学教育学部記要66巻（2019年）。

④ 高橋郁夫『新型コロナウイルス対プライバシー』（Kindle、2020年）。

⑤ 實原隆志『情報自己決定権と制約法理』（信山社、2019年）。

联邦宪法法院发展出来的信息自我决定权。一直以来，德国强烈要求"法律上的依据"。对于该问题，日本的状况是最高法院回避涉及宪法的问题，国会回避制定法律。所以问题不在于基本权论，而在于统治机构论。

寺田麻佑等人的著作《隐私权与个人信息保护法律制度的国际比较》[1]，对主要国家的基本态度，以及各国对欧盟（EU）一般数据保护规则的对应举措，做了简明扼要的概述。

（四）平等权

1．总论

白水隆的《平等权解释的新展开》[2]是关于平等原则的专著。该书以加拿大宪法作为比较对象，讨论了同性婚姻等问题，尤其是对在字面上中立，但也会给特定群体带来歧视效果的"间接歧视"问题进行了详细论述。杉山有沙在《日本宪法与合理性考量法理》[3]一书中，以意大利的禁止歧视法理为比较对象，是探讨日本合理性考量法理的可能性的宝贵作品。

此外，辛嶋了宪以德国为对象的比较法研究同样引人注目。其中，《联邦宪法法院一般性平等原则审查的变迁》[4]详细地考察了联邦宪法法院平等原则审查的变迁，作为其续篇的《德国一般平等原则中审查模型的探讨》[5]，将研究角度转向了学说，详细介绍、探讨

---

① 寺田麻祐「プライバシーと個人情報保護法制の国際比較」比較法研究81号（2019年）。该领域的研究还可以参考：山本隆彦「憲法から考えるAI社会」憲法問題31号（2020年）；永山尚也「プライバシー・監視・アーキテクチャ」法政策研究会編『法政策学の試み（法政策研究第20集）』（信山社、2020年）；曽我部真祐＝山本隆彦「自己情報コントロール権をめぐって」情報法制研究7号（2020年）。

② 白水隆『平等権解釈の新展開』（三省堂、2020年）。

③ 杉山有沙『日本国憲法と合理的配慮法理』（成文堂、2020年）。

④ 辛嶋了憲「連邦憲法裁判所における一般的平等原則審査の変遷」一橋法学18巻3号（2019年）。

⑤ 辛嶋了憲「ドイツ一般的平等原則における審査モデルの一検討」一橋法学19巻2号（2020年）。该领域的研究还可以参考：玉蟲由樹「平等取扱原則と比例性」日本法学85巻2号（2019年）。

了德国最值得关注的Huster审查模型。这些研究成果显示出将德国理论引入日本的可能性，期待今后进一步的研究。

2、家族、LGBT[①]

关于家族，本年度公开发表了许多论点。朱颖娇的《婚姻、家族与个人的尊严（1）（2）完》[②]认为，国家负有保障所有人受到最基础的、作为人的尊严的"关照"义务，作为其中一环，也应实现家族的保护。该论文作为解释论，揭示了一直以来被认为处于对立面的个人尊严与家族保护二者之间的关系，以及将之顺接起来的可能性，这一点值得我们关注。

关于同性婚姻，值得关注的是西村枝美在《同性婚姻的未规定性的宪法适合性》[③]一文中，认为"基于性的指向形成的私领域的保护"的问题应作为宪法第13条的人格权的内容。基于该观点，该论文将这一问题定位为"在法律上承认同性伴侣私生活这一法律框架的欠缺"，为同性婚姻讨论带来新的视点。

五、人权各论

（一）思想自由、信教自由、政教分离、集会自由、结社自由

山本健人在《公权力判断过程中的宗教——加拿大最高法院模式与道德心理学》[④]中介绍了在加拿大的判例中，国家的宗教中立性是"非绝对性的中立性"。太田信在《一般性法义务免除与Third-

---

① LGBT是女同性恋者（Lesbians）、男同性恋者（Gays）、双性恋者（Bisexuals）和跨性别者（Transgender）的英文首字母缩略字。

② 朱颖娇「婚姻と家族と個人の尊厳（1）（2）完」法学論叢186巻3号（2019年）、4号（2020年）。

③ 西村枝美「同性婚の未規定性の憲法適合性」関西大学法学論集69巻3号（2019年）。该领域的研究还可以参考：稲葉実香「欧洲における家族法制をめぐる動向：フランスを中心に」比較憲法学研究31号（2019年）；中山茂樹「家族と憲法：何が憲法上の問題となるのか」研究31号（2019年）；作花知志「憲法判例を通して家族を考える」憲法理論研究会編『憲法の可能性』（敬文堂、2019年）。

④ 山本健人「公的判断過程における宗教——カナダ最高裁モデルと道徳心理学」法の理論38（2020年）。

Party Harm》①中探讨了当以信教自由为理由免除一般性法义务时，如果对第三人造成显著伤害，应受到限制的问题。

（二）表达自由

1. 表达自由总论

针对日本2019年8月举办的国际艺术节"爱知 Triennale 2019"中的"表现不自由展·此后"艺术展，宪法学界给予了很大的关注。曾我部真裕对该事件的法律问题进行了整体考察；②杉原周治针对国家的艺术资助和表达自由及美术馆的管理运营等问题整理了宪法上的论点；③小岛慎司针对民主政治下文化专门职能的自律这一问题，重新阐明了尊重专门职能的意义。④

针对社交账户（SNS）上的假新闻给"思想的自由市场"环境带来威胁的问题，水谷瑛嗣郎对政府的责任和义务进行了展望。⑤

2. 信息法

受新冠肺炎疫情的限制，信息、通信和技术化（ICT化）被人们广泛运用起来，在这一形势下，信息法的重要性与日俱增，这一领域也取得了惊人的发展。宇贺克也连续出版了4本关于信息法的论文集⑥，

---

① 太田信「一般的法義務の免除とThird-Party Harm」比較法雑誌53卷4号（2020年）。

② 曾我部真裕「『表現の不自由展』中止事件決定の妥当性と残る課題」Journalism355卷（2019年）。

③ 杉原周治「国家による芸術助成と表現の自由：あいちトリアンナーレ2019」問題を素材として法学教室472号（2020年）。

④ 小島慎司「民主政下の専門職能」論究ジュリスト33号（2020年）。

⑤ 水谷瑛嗣郎「『表現の自由』の現代的な『カタチ』」論究ジュリスト33号（2020年）。该领域的研究还可以参考：横大道聡「『帰属』の理解が招いた事態：『表現の不自由展・その後』中止の問題」新聞研究819号（2019年）；「特集/あいちトリエンナーレ『表現の不自由展・その後』中止問題を考える」法と民主主義543号（2019）；「特集/芸術と表現の自由」法学セミナー786卷（2020年）。

⑥ 宇賀克也『個人情報保護法制』（有斐閣、2019年）；宇賀克也『個人情報の保護と利用』（有斐閣、2019年）；宇賀克也『情報公開・オープンデータ・公文書管理』（有斐閣、2019年）；宇賀克也『マイナンバー法と情報セキュリティ』（有斐閣、2020年）。

曾我部真裕、寺田麻佑、成原惠在杂志上开始连载《信息法导航》[①]，《法学教室》登载了《信息法开拓者》特辑[②]。吉田宪从宪法学的观点讨论了著作权与表达自由的关系。[③]

（三）经济自由

宪法与竞争秩序的关系受到了关注。《宪法与竞争》特辑[④]从经济法和竞争法的角度出发，讨论了从古代的《营业的自由争论》到现代竞争平台中的问题。

（四）社会权

1．总论、生存权、劳动基本权

松本奈津希在《最低生活保障法理的形成与具体化》[⑤]中论述了生存权具有自由权的一面，以及德国专门法院在税法和社会法领域判例的重要性等问题。中村睦男、斋藤正彰的《人权论的体系与课题》[⑥]对中村睦男的宪法学说进行了回顾。

2．受教育权、学术自由

石田雅春在《战后日本的教科书问题》[⑦]中针对战后日本由教科书引起的相关问题，从历史的观点出发，进行了讨论，对战后改革做出了肯定的评价。栗岛智明在《"价值决定"与学术自由》[⑧]中批判了芦部信喜的传统观点，主张学术自由具有作为价值决定的意义，为保障自由的学术行为，有必要设置相关制度和程序。

[①] 曾我部真裕・寺田麻佑・成原惠「情報法ナビゲーション」法学セミナー65巻4号（2020年）。

[②] 「特集/情報法というフロンティア」法学教室479号（2020年）。

[③] 吉田憲「情報受領の自由と私的複製の関係（5）完」法学論叢185巻5号（2019年）。

[④] 「特集　憲法と競争」法律時報92巻9号（2020年）。

[⑤] 松本奈津希「最低生活保障の法理の形成と具体化（1）（2）完」一橋法学18巻1号・2号（2019年）。

[⑥] 中村睦男＝斎藤正彰「人権論の体系と課題」憲法研究6号（2020年）。

[⑦] 石田雅春『戦後日本の教科書問題』（吉川弘文館、2019年）。

[⑧] 栗島智明「『価値決定』としての学問の自由」憲法理論研究会編『憲法の可能性』（敬文堂、2019年）。

（五）人身自由及反恐对策法制

当今世界，犯罪搜查中对信息技术的利用越来越多。小西叶子以德国为对象，讨论了"终端信息监听"在宪法上的课题。①小山刚、新井诚、横大道聪编著的《日常中的"自由与安全"》②，广泛收录了关于"生活的安全"的精彩作品。

六、统治机构总论

（一）主权、权力分立、代表制

本年度关于政党的作品引人关注。宍户常寿以自民党为素材讨论了宪法、宪法秩序与政党制相互作用的现象。赤坂幸一在《政党本位·再考》③中提出重新确定政党的作用、修改政党法制的观点。今枝昌浩通过探讨德国政党除名的法律法规，试图揭示政党内部民主主义的一面。④

（二）选举权、选举制度

近年来，由于政治学对代议制民主主义的不信任，开始提倡使用抽签制。2019年出版的《对选举制的质疑》较为引人注目。此外，冈崎晴辉译著的《选举制与抽选制》⑤提出了把参议院改为抽签制的市民院的构想。

---

① 小西葉子「暗号化通信の傍受に関する憲法上の課題」Nextcom=ネクストコム（2020年）。
② 小山剛＝新井誠＝横大道聡『日常のなかの自由と安全』（弘文堂、2020年）。
③ 赤坂幸一「政党本位・再考」憲法研究5号（2019年）。
④ 今枝昌浩「ドイツにおける政党除名の法的規律」法学政治学論究：法律・政治・社会122号（2019年）。
⑤ ダーヴィッド・ヴァン・レイブルック（岡崎晴輝訳）『選挙制を疑う』（法政大学出版局、2019年）。

七、统治机构各论

（一）国会·立法权

盐见政幸在《立法中的宪法审查》①中指出，宪法学说没有正面论述立法中宪法审查的框架和基准，具有不足之处。毛利透针对宪法规范的二重化，立足于欧美学说，分别讨论了二者的合宪性规制方法。②

关于两院制的真实情况，可以参照松浦淳介的《关于国会的改宪论与实态论》。③

（二）内阁·行政权·议院内阁制

植松健一在《议会的口头提问与阁僚的出席义务》④中，以德国联邦议会口头提问改革的讨论为参考，深入探讨了日本宪法第63条的解释论。冈田信弘在《议会审议的国际比较》⑤中也提出需要对日本的现状进行反思、讨论。

（三）法院·司法权

正值岩沼市议会案件进行口头辩论之时，关于地方议会的自律性和司法审查问题，宪法学界与行政法学界积极展开了讨论。如木下智史的《"部分社会的法理"与司法权的界限》⑥、田中祥贵的《部分社会中少数人的人权保障》⑦都是对部分社会问题进行的讨论。

---

① 塩見政幸「立法における憲法審査」青山法務研究論集（2019年）。
② 毛利透「立法権にとっての憲法と司法権にとっての憲法」判例時報2441号（2020年）。
③ 松浦淳介「国会に関する改憲論と実態論」駒村圭吾・待鳥聡史編『統治のデザイン』（弘文堂、2020年）。
④ 植松健一「議会の口頭質問と閣僚の出席義務」立命館法学2020巻2号（2020年）。
⑤ 岡田信弘『議会審議の国際比較』（北海道大学出版会、2020年）。
⑥ 木下智史「『部分社会の法理』と司法権の限界」判例時報2435号（2020年）。
⑦ 田中祥貴「部分社会における少数者の人権保障」桃山学院大学総合研究所紀要45巻2号（2019年）。

此外，还可参照人见刚的《地方议会对所属议员的停止出席惩罚决议之司法审查》[①]、神桥一彦的《对地方议会议员之惩罚与"法律上的争讼"》[②]。

此外，福岛至编著的《团腾重光研究：法思想·立法论、大法官时代》[③]、市川正人等编著的《现代日本的司法》[④]，为法院乃至法官研究方面积累了丰富的作品。

（四）违宪审查制

市川正人的《司法审查的理论与现实》[⑤]是关于日本违宪审查制的系统研究著作。该书详细考察了违宪审查制的理念、制度结构及技术、运用、作用条件，可以说是该领域的教科书，是今后研究该领域的重要的参考文献。横大道聪的《统治构造中"违宪审查制"应发挥的作用》[⑥]一文，从政治学的角度对违宪审查制理论进行了说明。《特辑：宪法裁判中法院之友的意义》[⑦]中，分别介绍并讨论了德国、法国、美国、加拿大、韩国的法庭之友制度；另外，2019年的宪法研究著作《宪法的可能性》[⑧]的第一部分"宪法裁判的现在"是讨论德国、美国、法国、韩国关于宪法裁判的制度、理论及其运用的内容。

---

① 人見剛「地方議会による所属議員に対する出席停止の懲罰議決の司法審査について」早稲田法学95巻3号（2020年）。

② 神橋一彦「地方議会議員に対する出席停止の懲罰と『法律上の争訟』」立教法学102号（2020年）。

③ 福島至『團藤重光研究：法思想·立法論·最高裁判事時代龍谷大学社会科学研究所叢書』（日本評論社、2020年）。

④ 市川正人·大久保史郎·斎藤浩·渡辺千原編『現代日本の司法』（日本評論社、2020年）。

⑤ 市川正人『司法審査の理論と現実』（日本評論社、2020年）。

⑥ 横大道聡「統治構造において『違憲審査制』が果たすべき役割」判例時報2419号（2019年）。

⑦ 「特集　憲法裁判によるアミカスキュリィの意義」北大法学論集70巻5号（2020年）。

⑧ 憲法理論研究会編『憲法の可能性』（敬文堂、2019年）。

（五）宪法诉讼论

关于宪法诉讼论问题，本年度陆续出版了许多重要作品。首先值得一提的是千叶胜美的《宪法判例与法官的视角》①一书，历任最高法院调查官和最高法院法官的作者，基于自身经验和理解对最高法院做出宪法判例的实际情况，以及法官在处理宪法问题时如何思考进行了讨论。石川健治、山本隆彦、泉德治合著的《宪法诉讼的十字路口》②一书对美国违宪审查基准论和德国三阶段审查论这两种流派中的宪法理论，以及固有逻辑进行了描述。高桥正明的《立法者意思的不当性与违宪审查》③一文作为宪法诉讼论的基础研究，考察了美国判例中采用的违宪审查方法——动机审查理论。另外，山崎皓介的《违宪判断的多样化·弹性化理论（1）》④开始连载。

（六）财政

本年度，由新冠肺炎疫情引起的经济危机给政府造成了巨额财政支出，因此，宪法学越来越有必要对财政问题进行研究。在《法律时报》上刊登的特辑《财政法学体系的再构建项目》⑤，是引领该研究领域的宪法学者、行政法学者、财政法学者及政策责任人的倾力之作。位于该特辑总论部分的上田健介的《财政法学的展开与去向》⑥一文，对近期财政法学的研究方向——向金融领域扩展、重新讨论财政民主主义、政府间的财政关系等进行了整理介绍。

---

① 千葉勝美『憲法判例と裁判官の視線』（有斐閣、2019年）。
② 石川健治＝山本隆彦＝泉德治『憲法訴訟の十字路』（弘文堂、2019年）。
③ 高橋正明「立法者意思の不当性と違憲審査」帝京法学33巻2号（2020年）。
④ 山崎皓介「違憲判断の多様化・弾力化理論（1）」北大法学論集71巻1号（2020年）。
⑤ 「特集 財政法学の体系的再構築プロジェクト」法律時報91巻12号（2019年）。
⑥ 上田健介「財政法学の展開と行方——総論をかねて」法律時報91巻12号（2019年）。

（七）地方自治

村中洋介的《条例制定的公法论》①一书立足于与美国地方自治相比较的角度，对日本宪法下的"地方自治"制度、"地方自治的宗旨"的解释，以及条例制定权的界限进行了考察。该书详细介绍了灾害、防治二手烟、企业税等条例制定的动向，对于理解各个问题的现状具有重要意义。在理论层面，作者主张"地方自治的宗旨"中，除了居民自治和团体自治以外，还应包含地方优先行政原则和自己责任原则。同时指出，为实现"地方自治的宗旨"而制定的条例如有与法律竞合的内容，不应直接被认定为违反法律。除此之外，关于地方自治相关制度的设计问题，可以参照芦田淳的《从宪法学看地方自治保障的可能性》②一文，该文对于理解地方自治的宪法学现状具有重要意义。

---

① 村中洋介『条例制定の公法論』（信山社、2019年）。
② 芦田淳「憲法学からみた地方自治保障の可能性」駒村圭吾・待鳥聡史編『統治のデザイン　日本の「憲法改正」を考えるために』（弘文堂、2020年）。

2020年日本行政法学研究综述

王明喆[①]

一、引言

（一）本文的研究对象及范围

本文旨在对2020年日本行政法学的学术研究成果进行概括式介绍，范围主要集中于2019年下半年至2020年发表的研究论文以及出版的书籍刊物。为此，本文主要参照日本《法律时报》第92卷第13号（特辑：2020年学界回顾·行政法）以及《公法研究》第81号"学界展望"等相关内容。限于篇幅，本文的关注对象主要集中在一般意义上的行政法总论部分，不包括行政法的各个具体的参照领域部分的内容。为了全面、准确地反映学术研究成果，本文在研究对象的覆盖广度与理论深度之间，倾向于前者。对特定部分感兴趣的读者，可按图索骥，对具体内容进行深入研究与探索。另外，受限于笔者的认知水平与专业能力，本文中的不足之处，万望海涵。

（二）本文的构成

一般意义上，学界研究成果的介绍应当从学会动向与研究动向两个方面展开。然而，由于受新型冠状病毒肺炎疫情（以下简称"新冠肺炎疫情"）影响，本年度的公法学会、行政法研究论坛等重要学会纷纷停办。因而本文将着重于研究动向的分析。本文将从教材·体系著作、纪念论文集·企划论文集及代表性研究成果三个

---

① 王明喆，日本东北大学法学研究科博士研究生。

方面进行介绍。代表性研究成果将按照行政法基础理论、行政作用法、行政救济法、行政组织法的结构进行梳理。在纪念论文集·企划论文集部分介绍过的内容，在代表性研究成果部分不重复介绍。

二、学会动向

由于受新冠肺炎疫情影响，原定于2020年7月18日在名城大学举办的第20届行政法研究论坛，以及原定于2020年10月10日、11日在早稻田大学举办的日本公法学会第85届总会·研究会都被取消。日本公法学会于2021年10月在龙谷大学举办学术研讨会，仍用2020年总会的主题。

2019年第84届公法学会总会的报告以及讨论要旨已在《公法杂志》第82号上发表。2019年第19届行政法研究论坛的报告等相关内容也已在《行政法研究》第32号上发表。2019年信息法制学会第3届研究大会的报告及相关内容已在《信息法制研究》第6号、第7号上发表。

三、研究动向

（一）教材·体系著作

2020年新修订出版的行政法教材主要有宇贺克也的《行政法概说Ⅰ（第7版）》，樱井敬子、桥本博之的《行政法（第6版）》，以及藤田宙靖的《新版行政法总论（上）（下）》。其中，宇贺克也的《行政法概说Ⅰ（第7版）》紧扣实定法的变迁，新版教材对第6版教材发行后的法律修改和重要判例进行了补充。藤田宙靖的《新版行政法总论（上）（下）》则是对2013年出版的《行政法总论》的完善与修订。新版教材对行政不服申诉制度等内容进行了实质性补充，并在体例上拆分为上、下两册。[①]

另外，一些期刊上的连载文章也对梳理行政法体系有所助益。

---

① 宇賀克也『行政法概説Ⅰ（第7版）』（有斐閣、2020年）、櫻井敬子・橋本博之『行政法（第6版）』（弘文堂、2020年）、藤田宙靖『新版行政法総論（上）（下）』（青林書院、2020年）。

高桥滋的《面向法曹实务的行政法入门（21）-（24·完）》的连载全24回于今年完结。该系列以习惯于民事法思考方式的法曹实务家为读者对象，在引用大量判例的基础上描绘行政法体系，并对行政法思考方法的独特性和固有性进行说明。此外，村上裕章的《标准行政法（7）-（19）》仍在连载中。①

（二）纪念论文集·企划论文集

1. 纪念论文集

北村喜宣花甲纪念论文集《自治立法权的再发现》分一般理论编与个别法政策编，前者收录了原岛良成的《条例制定的根据、对象、程度》、筑紫圭一的《法律规定条例的法律适合性审查》、中嶋直木的《关于裁量基准的条理化的诸论点》、钏持麻衣的《独自条例的实效性确保》、岛田晓文的《通过条例的"综合性"确保》、千叶实的《条例法要求的制定过程》等文章，后者收录了内海麻利的《建筑基准法的适用除外运用中所见的自治立法的可能性与正当性》、伊藤智基的《有关废弃物处理设施之设置的自治体事前程序的发展可能性》、清水晶纪的《规制原子反应堆运作的条例的可能性》、箕轮樱的《宠物陵园规制条例的制度设计》、越智敏裕的《文化遗产保护条例的课题》等文章。此外，该文集还收录了北村喜宣的特别撰稿《北村条例论的过去与将来》。②该论文集以都市、

---

① 高橋滋「法曹実務のための行政法入門（21）-（24）」判例時報2424号、2427号、2430号、2433号（2020年）、村上裕章「スタンダード行政法（7）-（19）」法学教室469-481号（2020年）。

② 原島良成編著『自治立法権の再発見：北村喜宣先生還暦記念論文集』（第一法規、2020年）。第一編具体收录：原島良成「条例制定の根拠・対象・程度」、筑紫圭一「法律規定条例の法律適合性審査」、中嶋直木「裁量基準の条例化に関する諸論点」、釧持麻衣「独自条例の実効性確保－過料を中心に」、嶋田暁文「条例による『総合性』確保」、千葉実「条例の法的に要請される制定過程－提案部局と関係部局との調整に注目して」。第二編具体收录：内海麻利「建築基準法の適用除外運用に見る自治立法の可能性と正当性」、伊藤智基「廃棄物処理施設の設置に係る自治体事前手続（紛争予防条例等）の発展可能性－NIMBY症候群を理解し、どう対応するか」、清水晶紀「原子炉稼働を規律する条例の可能性－災害リスク管理の観点から」、箕輪さくら「ペット霊園規制条例の制度設計」、越智敏裕「文化財保護条例の課題－平成30年文化財保護法改正に寄せて」。特別撰稿：北村喜宣「北村条例論の来し方・行く末」。

环境领域的新问题为切入点，整理了条例制定可能性的相关论述，试图构建应对现行课题的"自治立法权"理论。

高木光退休纪念论文集《法执行体系与行政诉讼》由三部分组成，第一部分为法执行体系总论，收录了桥本博之的《明治近代化与行政法学》、樱井敬子的《法治主义的现代性变化》、大桥洋一的《关于行政信息利用的现代化课题》、仲野武志的《行政上的公开论》等论文；第二部分为法执行体系论各论，收录了横田光平的《儿童法中的"复效性行政处分"与行政诉讼》、太田匡彦的《关于日本法上的强制住院制度的一个考察》、山本隆司的《在行政信息处理行为中适用的比例原则的意义与界限》、原田大树的《警察法学的发展可能性》等论文；第三部分为行政救济法，收录了齐藤诚的《行政过程中的行政争诉的请求与例外》、玉井克哉的《特许法中的"撤销诉讼的负担过重"》、石塚武志的《有关三面关系的非申请型课予义务诉讼的重大损害要件及本案要件的审查》、长谷川佳彦的《关于营业竞争中的先申请主义》、常冈孝好的《裁量基准的合理性审查的一个剖面》、须田守的《行政规则论的程序性次元》、岛村健的《石棉国家赔偿诉讼中的反射性利益论》等论文。该论文集中收录的论文涉及领域广阔，既包括对法治主义等一般法律原则的探讨，也包括对行政行为的效力与诉讼等具体问题的考察。这展现出了高木光教授所提倡的法系统论、行政诉讼论等内容在下一代学者中的继承与发展。①

――――――――

① 　大橋洋一・仲野武志編『法執行システムと行政訴訟　高木光先生退職記念論文集』（弘文堂、2020年）。具体收录：橋本博之「明治近代化と行政法学―織田萬『日本行政法論』をめぐって」、櫻井敬子「法治主義の現代的変容」、大橋洋一「行政情報利用をめぐる現代的課題」、仲野武志「行政上の公表論」、横田光平「子ども法における『複効的行政処分』と行政訴訟―児童虐待への司法関与と障害児の就学先決定を素材として」、太田匡彦「日本法における強制入院制度に関する一考察―その基本的な性格に着目して」、山本隆司「行政の情報処理行為に適用される比例原則の意義と限界」、原田大樹「警察法学の発展可能性」、斉藤誠「行政過程における行政争訟の要請と除外―その法理に関する覚書」、玉井克哉「特許法における『取消訴訟の負担過重』―特許無効審判請求不成立審決に対する抗告訴訟をめぐって」、石塚武志「三面関係に係る非申請型義務付け訴訟の重損要件・本案要件の審査―裁判例の原状」、長谷川佳彦「競願関係における先願主義について―わが国の状況」、常岡孝好「裁量基準の合理性審査の一断面―目的手段審査の諸要素」、須田守「行政規則論の手続的次元」、島村健「アスベスト国賠訴訟における反射的利益論」。

　　除了上述两册纪念论文集外，各大学纪要中也刊行了在行政法领域长期做出贡献的各位教授的退休纪念号，主要有高木光教授退休纪念号①、高桥滋教授退休纪念号②，以及江泉芳信、加藤哲夫、首藤重幸教授古稀祝贺·退休纪念号③。

　　2．企划论文集

　　浅野有纪、原田大树、藤谷武史、横沟大编著的《政策实现过程的全球化》，着眼于全球化背景之下法的执行和权利救济（纷争解决）中的各种问题，在对具体的法律制度展开分析的同时，关注其与公法学、私法学总论乃至法学整体的理论联结。④其中收录的关

---

　　①　『高木教授退職記念』法学論叢185巻5号·6号（2020年）。收录的行政法论文有：原田大樹「処分なき行政訴訟の理論的課題」、仲野武志「続·行政上の公表論」、須田守「知識生成の（行政）手続」。

　　②　『高橋滋先生名誉教授称号授与記念号』一橋法学18巻2号（2020年）。收录的行政法论文有：下山憲治「建設アスベスト訴訟における国家賠償責任」、土井翼「許可制度の法学的再構成」、野口貴公美「『時の経過』と利用決定」、服部麻理子「フランスの行政裁量論における統制『段階』モデルの機能」、寺田麻佑「先端技術の発展と行政組織」、周蕾「公共事業の民営化と『公益（public interest）』の概念」、田中良弘「地方分権時代の規制改革」、宮森征司「自治体の組織選択裁量」、楊帆「中国における行政復議管轄制度改革をめぐる議論」、吉岡裕美「ドイツ法領域分析にかかる裁判例研究」。

　　③　『江泉芳信教授 加藤哲夫教授 首藤重幸教授 古稀祝賀退職記念論集』早稲田法学95巻3号第2分冊（2020年）。收录的行政法论文有：李斗領「要綱行政の再検討」、岡田正則「審査請求における審査庁の管轄決定の標準時」、長内祐樹「イギリスにおける司法審査請求の今日的要件についての一考察」、黒川哲志「フクシマ後の原発安全規制と司法審査—基本設計論に着目して」、小島延夫「ロースクールでの行政法教育とその成果」、小林博志「許認可又は免許の更新」、下山憲治「原子力規制の変化と行政訴訟に関する一考察」、杉原丈史「行政の裁判的統制におけるコンセイユ·デタモデルの可能性」、田村達久「自衛隊災害派遣法制の一考察」、趙元済「処分性拡大再論と訴訟選択論に関する一試論」、人見剛「地方議会による所属議員に対する出席停止の懲罰議決の司法審査について」、平川英子「違法な課税処分をめぐる国家賠償訴訟」、森稔樹「地方交付税法第6条の3第2項の解釈と運用」、山田真一郎「防衛の需要を充足するための土地調達をめぐる法的問題について」。

　　④　浅野有紀＝原田大樹＝藤谷武史＝横溝大編著『政策実現過程のグローバル化』（弘文堂、2020年）。收录的行政法论文有：原田大樹「政策実現過程のグローバル化」、原田大樹「銀行監督のグローバル化と国内行政法の変容」、須田守「和解による行政案件／事件処理」、原田大樹「投資協定仲裁と行政救済法理論」、興津征雄「行政法から見た国際行政法」、原田大樹「政策実現過程のグローバル化と日本法の将来」。

于行政法的论文主要有原田大树的《政策实现过程的全球化》《银行监督的全球化与国内行政法的变化》《投资协定仲裁与行政救济法理论》《政策实现过程的全球化与日本法的将来》、须田守的《通过和解的行政案件·事件处理》、兴津征雄的《从行政法视角看国际行政法》等。在全球化进程不断深入的当下，包括行政法在内的传统国内部门法应当如何应对全球化，将是未来行政法研究的重要课题。

　　榊原秀训主编的《现代英国的司法与行政正义》，重点关注实践与理论研究并进的英国法，在关注个别法领域的具体制度的同时，对英国的行政救济制度和理论，特别是司法的基本理念、行政性正义的理论等基本问题进行了深入研究。该论文集收录的论文有：格雷厄姆·吉（Graham Gee）著、上田健介译的《司法的独立性与说明责任》，罗伯特·托马斯（Robert Thomas）著、深泽龙一郎译的《行政性正义的诸问题》，佐藤润一的《米勒判决与英国脱欧：欧盟基本权宪章的未来与人权保障的课题》，榊原秀训的《司法审查的方式与审查密度》，长内祐树的《行政性正义与瑕疵概念构造的相互关系》，伊藤治彦的《审判所改革中第一层审判所的审理程序的特色》，田中孝和的《议会检察专员的调查手法》，洞泽秀雄的《英国脱欧与法形成·实效性确保》，庄村勇人的《环境领域中的法执行改革》，和泉田保一的《关于都市计划中的开发利益的处理与损失补偿》，萩原聪央的《警察领域中的行政性正义》，友冈史仁的《医疗个人信息的保护与有关研究目的使用》。①

---

① 榊原秀訓『現代イギリスの司法と行政的正義』（日本評論社、2020年）。収録の論文有：グレアム・ジー著、上田健介訳「司法部の独立性とアカウンタビリティ」，ロバート・トーマス著、深澤龍一郎訳「行政的正義の諸問題」，佐藤潤一「ミラー判決とBrexit-EU基本権憲章の今後と人権保障の課題」，榊原秀訓「司法審査の方式と審査密度」，長内祐樹「行政的正義と瑕疵概念構造の相互関係」，伊藤治彦「審判所改革における第一層審判所の審理手続の特色」，田中孝和「議会オンブズマンの調査手法」，洞澤秀雄「Brexitと法形成・実効性確保」，庄村勇人「環境分野における法執行改革」，和泉田保一「都市計画における開発利益の取り扱いと損失補償について」，萩原聡央「警察分野における行政的正義」，友岡史仁「医療個人情報の保護と研究目的に係る利活用」。

冈田正则、纸野健二、高桥明男编译的《法的支配与法治主义》，是一本以法的支配与法治主义为主题的翻译论文集。①该文集中收录的论文，从哲学、法学、历史学、政治学以及实践运用等多个角度，对法的支配原理与法治主义进行了个别性或综合性的分析。第一部分"法的支配与法治国家的概念"集中探讨了法的支配与法治主义的内涵、基础、适用等问题，第二部分"法的支配与法治国家相关的各论的状况"则具体考察了德国、俄罗斯、美国、巴西等国家的法治主义状况。

德国弗莱堡大学法学院与日本大阪市立大学法学院的学术交流记录论文集《法的传统与革新》，不仅关注到了法律的"传统"与"革新"，也关注到了在传统与革新过程中的"当下的法"的理论与实态。其中收录的行政法论文有：重本达哉的《关于日本的代执行的"机能不全"》，西上治的《关于日本的行政诉讼的原告适格》，弗里德里希·肖赫（Friedrich Schoch）著、重本达哉译的《作为现代民主制中的核心要素的信息自由》，延斯与彼得·施奈德（Peter Schneider）合著、西上治译的《EU行政法的法典化的革新性尝试》。②

《第10届日法法学共同研究集会报告集——利益的衡量》是2019年9月举办的第10届日法法学研究会的报告记录。这次研究会由日法法学会以及法国比较立法协会共同举办，以"利益衡量"为研究主题。其中收录的行政法论文主要有：多米尼克·卡斯托斯（Dominic Castos）著、土井翼译的《利益衡量标准化影响下的法国行政法中依据比例性的统制》，三浦大介的《行政法中的比例原则》。③

---

① 岡田正則=紙野健二＝高橋明男編訳『法の支配と法治主義』（成文堂、2020年）。

② 守矢健一＝髙田昌宏＝野田昌吾編『法における伝統と革新』（信山社、2020年）。所收论文有：重本達哉「日本における代執行の『機能不全』について」，西上治「日本の行政訴訟における原告適格について」，フリードリヒ・ショッホ著、重本達哉訳「現代民主制における中核的要素としての情報の自由」，イェンス=ペーター・シュナイダー著、西上治訳「EU行政法における法典化の革新的な試み」。

③ 『第10回日仏法学共同研究集会報告集「利益の衡量」』（東京大学大学院法学政治学研究科附属比較法政国際センター、2020年）。收录的论文有：ドミニク・キュストス著、土井翼訳「利益衡量の標準化の影響でのフランス行政法における比例性による統制」，三浦大介「行政法における比例原則」。

《特辑：围绕"公共"的参加与诉讼》集中探讨了作为行政法学理论基础的"公共"的问题。该特辑将"公共利益""公共福祉""公共性"等问题合并在"公共"下，在明确"公共"内涵的同时，重点讨论了"公共"的行政主体、实现程序以及司法诉讼等问题。其中收录的行政法论文主要有：亘理格的《应该如何理解"公共性"的意涵》、田村达久的《国家公益与地区公益的对立与调整》、角松生史的《都市再生法的协定与"公共"参加》、杉原丈史的《行政过程的团体参加》、岸本太树的《环境团体诉讼的法制化》。①

（三）代表性研究成果

除了以上专著、论文集外，行政法领域还有以下成果值得关注：

1. 行政法基础理论

齐藤诚所著的《生物工程的法律规制》一书，以生物工程和法律的关系为主题，探讨了在生物工程技术日新月异的今天，应当如何对其进行法律规制的问题。该书以公法与知识产权法的交叉场域为中心，参照欧盟法以及德国法，对基因染色体编辑、植物新品种等法律问题进行了深入研究，考察了科技法的进展及其对公法理论可能产生的影响，是生物工程法律问题研究的重要法律著作。②

寺田麻佑的《先端技术与规制的公法学》一书聚焦于技术发展与公法规制，在关注技术与时代变迁的同时，为我们提供了构建灵活而有效的规制手法、规制框架的新观点。该书的总论部分除了分析技术发展与规制手法、行政组织的关系外，还重点关注了与AI技术密切相关的法律问题；各论部分探讨了IoT机器、无人机、电波管理等具体技术的法律规制问题。③

---

① 「特集/『公共』をめぐる参加と訴訟」法律時報91卷11号（2019年）。收录的论文有：亘理格「『公共性』の意味をどのように解すべきか」、田村達久「国家的公益と地域的公益の対立と調整」、角松生史「都市再生法上の協定と『公共』への参加」、杉原丈史「利益集団・非営利団体・公益の諸団体をめぐる法制度分析」、岸本太樹「環境団体訴訟の法制化」。

② 斉藤誠『バイオテクノロジーの法規整』（有斐閣、2020年）。

③ 寺田麻佑『先端技術と規制の公法学』（勁草書房、2020年）。

冈田正则的《所谓的"六法"思想》一文聚焦于日本的"六法"这种特有的实定法体系，探讨了这种特有体系观念的形成过程。通过对法国以及日本的法典编纂、出版的过程的考察，作者认为近代社会的国民国家的形成，是通过将"依据法限制国家"这种思想进行法典化的方式实现的。[1]

兴津征雄的《行政法学的自我规定》以行政法中的政策问题为线索，对平成时代行政法学说的历史发展进行了总结，并提出了令和时代行政法学的新课题。作者首先在第一部分回顾了平成时代的行政过程论、行政手法论、法的机制论的发展历程；进而在第二部分考察了近年来将行政过程定位为政策形成的利害调整过程的"政策的内在化模式"等理论，通过行政法学对政策研究的问题意识以及视角的变化，考察平成时期行政法学说的发展历史；最后，作者提出了行政活动的私人化、国际化，以及公益实现主体的多元化、多层化等行政法学的新课题。[2]

岛村健的《国际环境利益的国内法的实现》一文，聚焦于国际环境条约的国内实施状况，对国际条约的内容以及国内法层面的整合性确保情况做了多角度考察。作者认为，国际条约的义务履行措施有时并不完备，而有时国际条约又被积极执行。在这种情况下，该文一方面考察了国际环境条约给国内法带来的理论与改革的新变化，另一方面又关注到为了兼顾现有法律制度而导致新的政策手法"难产"等现象。[3]

须藤阳子的《我国判例中的比例原则审查的生成》，聚焦于比例原则在日本司法实践中的本土化过程。作者通过对行政诉讼制度的沿革的考察，对源自德国法的比例原则被引入日本后的100多年间的发展与变化进行了深入的考察。[4]

---

① 岡田正則「『六法』という思想」早稲田法学94巻4号（2019年）。

② 興津征雄「行政法学の自己規定」法律時報91巻9号（2019年）。

③ 島村健「国際的な環境利益の国内法による実現」行政法研究32号（2020年）。

④ 須藤陽子「わが国裁判例における比例原則審査の生成」行政法研究34号（2020年）。

谷辽大的《德国公法学上的参加论的历史展开》，通过对德国法上"参加（Participation）"概念的学说史的梳理，尝试分析公法学中参加论的意义。在作者看来，自20世纪中叶以来，德国公法学上的参加论是在参照相邻学科领域中的参加论的基础上不断发展起来的，但是近年来，从参加论与行政正统化的关系视角出发对参加的固有意义进行分析的研究变得更加令人瞩目。[①]

野田崇的《大规模公共事业的实现》一文，考察了德国法中因公众参与的普及而产生的行政决定的民主化现象，以及为了提高行政决定的可接受度而进行的立法工作。作者指出，公众参与程序在具有提高市民对行政事业接受度的功能的同时，还具有促进行政事业迅速实现的功能。[②]

2. 行政作用法

在行政立法方面，高木光的《行政立法程序与民主正当化》，在参考德国法中行政立法的德、美比较研究的基础上，考察了行政程序法中意见公募程序的法律性质，从行政立法的民主性正统论的视角，提出了在行政过程中导入"参加民主主义"程序，并通过司法监督确保其实效性的建议。该文对日、德、美的行政立法进行了比较考察，同时也指出了意见公募程序的民主化正统论这一公法学的未开拓领域，具有深刻的法律意义。[③]

在行政行为方面，高木光的《行政法学视角下的收视契约订立义务》一文，对日本最高法院2017年12月6日的"NHK收视费诉讼"中的遗留问题，也就是NHK自行制定的收视规章为何会对私人产生必须签订收视合同的义务问题进行考察。高木光指出，这种义务的正当性来自由"适当、公平负担原则"产生的政策性裁量。[④]土井翼的《无受领人的行政行为的法律构造》一文，是将行政法总论与公

---

①　谷遼大「ドイツ公法学における参加論の歴史的展開（1）－（3）完」北大法学論集70巻2号（2019年）、3号（2019年）、5号（2020年）。

②　野田崇「大規模公共事業を実現する」行政法研究34号（2020年）。

③　高木光「行政立法手続と民主的な正当化」自治研究96巻9号（2020年）。

④　高木光「行政法学から見た受信契約締結義務」法学論叢185巻3号（2019年）。

物法相互联系，进而展开分析的重要研究成果。该文的直接目的在于探求"为何传统行政法学说将公物使用开始行为这种没有具体受领人的行为定位为行政行为"，为此，作者对德国法的无受领人行政行为的理论学说，以及即使对私人没有法律效果，仍然可以被认定为行政行为的法国法理论进行考察。作者指出，无受领人行为虽然没有特定受领人，但是这类行为多是针对特定"物"做出的，因而某些法律主体与此"物"相关的权利、义务或者法律地位将可能产生变动，因而这些行为可以被定位为行政行为。作者继而认为，在行政行为中，物的法律地位是根本要素，人的法律地位的变化反而是派生要素。[1]

在行政裁量方面，清水晶纪的《环境风险行政中"时间裁量"的法的统制》，在对美国法的裁量统制理论进行考察的基础上，对环境风险中行政机关何时采取措施，也就是时间裁量的问题进行了分析。[2]筑紫圭一的《美国行政法的不确定性与裁量审查》一文，对于在合理意思决定中欠缺必要信息时的不确定性情况下的裁量审查问题，考察了美国判例法所形成的"缓和的裁量审查（soft look review）"的意义与界限。[3]高桥正人的《政治性裁量·政策性裁量的统制》，对裁判机构审查政治性、政策性判断裁量的审查方式进行考察。通过对过去的最高法院判例进行分析，作者指出最高法院在对带有民主决定色彩的意思决定进行审查时，保持了一种谦抑的态度，但是在个别裁判中也有例外。[4]服部麻理子的《行政裁量统制中最高法院的法的价值判断》，对最高法院在行政裁量案件中的价值判断进行考察。作者在对有关行政裁量的学说与判例进行分析的基础上，对典型案件中最高法院的价值判断状况进行分析，进而指

① 土井翼「名宛人なき行政行為の法的構造（1）－（6）完」国家学会雑誌131巻9·10号（2018年）、132巻1·2、3·4、5·6、7·8、9·10号（2019年）。

② 清水晶紀「環境リスク行政における『時の裁量』の法的統制」行政法研究34号（2020年）。

③ 築紫圭一「アメリカ行政法における不確実性と裁量審査」行政法研究31号（2019年）。

④ 高橋正人「政治的裁量·政策的裁量の統制」静岡大学法政研究（2020年）。

出，在行政裁量的审查方式由社会观念审查转向判断过程审查后，法院的价值判断问题应该得到更多的关注。①

在实效性确保手段上，天本哲史的《行政的制裁性公开的法理论》，对具有制裁性的行政信息公开进行了全方位的考察。作者在对制裁性公开的目的、功能、种类、性质等基础问题进行分析的基础上，对制裁性公开的处分性、国家赔偿法第1条第1项的违法性、制裁性公开与公务员的保密义务等问题进行考察，最后提出了制裁性公开走向成熟的七条建议与启示。②宇那木正宽的《行政代执行的执行对象（外）物品的保管以及费用请求的法律根据》，对行政代执行中，尤其是在无人居住房屋的拆除的代执行过程中，特定房屋内遗留的物品等代执行对象以外的物品的处理问题，从财产保护的视角进行分析和考察。该文特别从房屋所有人死亡、继承人不在等实务中常遇到的疑难案例入手，详细分析其中的法律问题，并提出了解决建议。③

在行政程序方面，大桥真由美的《有关核电站纷争解决中的司法与行政的角色分担的序论性考察》，围绕原子能发电站的运行中止请求问题，对2014年行政程序法中新引入的、为了在行政过程中实现权利救济的"处分等的请求"程序的利用可能性进行考察。④

在信息公开、个人信息保护方面，木村弘之亮的《日本行政法学的范式转移》一文，对信息公开法第1条中明确规定任何人都有"请求行政文书公开的权利"，并由此在实定法上肯定"国民对国家的权利"这一做法给予高度评价。作者指出，从这一规定可以看出，国民对国家、地方自治团体的权利在原则上被予以否定的传统

---

① 服部麻理子「行政裁量統制における最高裁判所の法的価値判断」行政法研究33号（2020年）。

② 天本哲史『行政による制裁的公表の法理論』（日本評論社、2019年）。

③ 宇那木正寛「行政代執行における執行対象（外）物件の保管等およびその費用請求の法的根拠（1）－（3）完」自治研究95巻10号、11号、12号（2019年）。

④ 大橋真由美「原発紛争解決における司法と行政の役割分担に関する序論的考察」上智法学論集63巻4号（2020年）。

日本行政法发生了范式转移。[①]另外，《座谈会：医疗信息的最前线》中收录了矶部哲的《企划趣旨》、宍户常寿的《个人信息保护法与隐私》、板仓阳一郎的《近年来与医疗关联信息相关的个人信息保护措施》、大江和彦的《在医疗合作与医疗信息利用的现场感受到的法的制约》、米村滋人的《医疗信息相关的法律制度的课题》等文章，以及山本龙彦、藤田卓仙的指定发言。该文集对医疗、医学研究领域中的现代化个人信息的保护，以及个人信息的利用等问题进行了深入考察。[②]

3. 行政救济法

在行政复议方面，《特辑：解读行政不服审查会的答复》对行政不服审查会的答复中具有重要行政法意义的问题进行了分析，对行政复议制度的课题与审理的实际情况进行了考察。其中收录了大桥洋一的《行政不服审查会答复的法学研究必要性及意义》、田中孝男的《通知的僵硬的适用》、原田大树的《获得抚恤金的权利》、兴津征雄的《高等学校就学支援金的领受资格认定》、大田直史的《业务灾害等的支付决定及劳动保障金的违法性继承》、饭岛淳子的《申请期间设定的合理性》、野吕充的《平等原则以及审查厅、处分厅的协助义务》等文章。[③]

在司法权、裁判体系论等基础理论方面，神桥一彦的《行政判例和法理论》一书，以行政判例为素材，对以"权利"和"义务"为中心的行政法中的基础概念、宪法与行政法的关系、撤销诉讼的原告资格以及国家赔偿法第1条第1款中的违法的概念等问题进行了深入细致的分析。该书与作者的前著《行政诉讼和权利论》结构相同，在考察行政法学中的基础概念的同时，将其与宪法学相互连接，从中不难看出作者研究的深化。[④]山岸敬子的《客观诉讼制度的存在理由》一书认为，从客观诉讼的法理中导出的程序性效果是客观诉

---

① 木村弘之亮「日本行政法学のパラダイムシフト（1）－（5）完」自治研究96巻1号、2号、3号、4号、5号（2020年）。

② 「シンポジウム/医療情報のフロンティア」年報医事法学34号（2019年）。

③ 「特集/行政不服審査会答申を読み解く」論究ジュリスト32号（2020年）。

④ 神橋一彦『行政判例と法理論』（信山社、2020年）。

讼制度在实践中存在的理由。作者进而对客观诉讼的诉讼要件、审理程序、判决效力等问题进行解释论与立法论的分析与展望。该书以及作者的前著《客观诉讼的法理》是研究客观诉讼制度不可或缺的重要参考文献。[①]福井秀夫的《行政诉讼的机能和界限》指出，现有行政法理论以及行政诉讼制度存在着妨碍宪法价值实现的可能，而且可能会导致损害社会经济和公益的"政府失败"。为了改善这一问题，作者从法学和经济学的视角出发，对行政诉讼的机能与界限进行了总括性的分析。[②]

在诉讼类型方面，鹈泽刚的《作为抗告诉讼的中止诉讼和作为当事者诉讼的确认诉讼的关系》，在不利益处分将要做出的情况下，对作为抗告诉讼的中止诉讼和作为当事者诉讼的法律义务不存在的确认诉讼之间的关系进行考察。作者认为，前者的适用对象应当限定在即将做出不利益处分的情况，而在不利益处分之外的不利益的预防则适用后者。[③]高木光的《核电站诉讼中民事法功能的再论》，对核电站诉讼中援用多数人的人格权进行中止诉讼的做法进行批判。作者认为这种判例法的动向是环境权论的翻版，违反了民事诉讼的基本构造。关于大塚直教授的风险中止诉讼论，作者对临时中止判决论以及司法判断中的预防原则的样态等问题表达了疑虑。[④]安永祐司的《关于行政规制·诉讼与民事中止诉讼的作用分担备忘录》一文，对经济法和环境法领域中的民事中止诉讼与行政规制并存的问题，以及民事中止诉讼与行政诉讼并存的积极赞成论与消极限制论进行了详细分析，指出对这种并存的评价应当在不同法领域进行具体判断。[⑤]

---

① 山岸敬子『客観訴訟制度の存在理由』（信山社、2020年）。

② 福井秀夫「行政訴訟の機能と限界（1）—（3）完」自治研究96巻3号、4号、5号（2020年）。

③ 鵜澤剛「抗告訴訟としての差止訴訟と当事者訴訟としての確認訴訟の関係について」立教法学102号（2020年）。

④ 高木光「原発訴訟における民事法の役割再論（1）（2）完」法学論叢185巻1号、2号（2019年）。

⑤ 安永祐司「行政規制・訴訟と民事差止訴訟との役割分担に関する覚書（1）（2）完」自治研究96巻1号、2号（2020年）。

在诉讼要件方面，高木英行的《原告适格与处分性》，对平成时期的扩大撤销诉讼原告资格以及扩大处分性的最高法院的案例进行了比较考察。作者指出，二者在参照相关法律进行解释等方面具有共通性，但也存在若干差异。① 山本隆司的《消费者法中集团性利益的实现与个别性利益的实现的关系》，对集团性消费者利益与个别消费者利益的关系，以及作为集团性消费者利益的实现主体的行政机关与集团的关系进行了探讨。②

在诉讼审理方面，鹈泽刚的《确认性行政行为的性质与违法性的继承》，将研究重点放在不具有形成性效果的确认性行政行为上，对行政行为违法性继承论进行基础性考察。作者认为，违法性继承的问题并非先行处分的违法性能否成为后续处分撤销诉讼的诉讼物的问题，而是原则上应当允许后续诉讼中提出的抗辩在例外情况下可以予以限制的问题。③ 北村和生的《行政事件诉讼法修改的实证性研究》，为了考察2004年行政事件诉讼法修改是否有助于国民的权利救济，选取停止执行的相关判例进行分析。作者指出，在财产损害处分以及生活保护处分案件中，停止执行的救济有扩大倾向，但是在建筑确认处分等领域的停止执行的救济仍不充分。④ 高木英行的《关于违法性继承机制的考察》一文，对承认违法性继承的根据进行考察。作者认为，在行政法总论层面，承认违法性继承的根据在于"伴随着先行行为规制效果的缩小而产生的先行行为遮断效果的缩小"，而在行政救济法的层面，承认违法性继承的根据在于"伴随着处分性的缩小解释而产生的撤销诉讼的排他性管辖和诉讼期间的缩小解释"。⑤ 在国家赔偿、补偿方面，中原茂树的《关于国家赔偿请求诉讼中的保护范围论》，将国家赔偿诉讼中的"保护范围论"

① 髙木英行「原告適格と処分性」東洋法学63巻3号（2020年）。
② 山本隆司「消費者法における集団的利益の実現と個別的利益の実現との関係」消費者法研究7号（2020年）。
③ 鵜澤剛「確認的行政行為と違法性の承継」金沢法学62巻1号（2019年）。
④ 北村和生「行政事件訴訟法改正の実証的研究」市川正人ほか編『現代日本の司法』（日本評論社、2020年）。
⑤ 髙木英行「違法性の承継のメカニズムに関する一考察」東洋法学63巻1号（2019年）。

问题理解为原告所主张的被侵害利益是否为行政机关职权的法律依据所保护的问题。作者认为在目前的最高法院判例中，在保护范围论问题上，最高法院尚未使用反射性利益这一概念。[①]

4．行政组织法

在行政组织、行政改革方面，大桥麻也的《独立行政机关和法国行政法》，通过对实践中行政机构以及行政任务的特性进行分析，对法国的独立行政机构（AAI）的设置、增加及其对行政法理论带来的影响进行了考察。[②]友冈史仁的《供水业务的经营规制与供水业务基础强化的法律课题》，对自来水提供业务的法律规制问题进行分析，具体对供水业务的广域化以及官民合作机制的引入等法律问题进行考察，研究在经济规制中如何对经济性和公共性进行调和等基本问题。[③]宫森征司的《自治团体事业的基础性法律框架的历史形成》，对德国的自治团体事业的法律框架的历史形成进行研究。作者指出，在私有化、公私合作以及组织形态多元化、复杂化的背景下，德国法中规制自治团体公私合作组织的具体法律框架正在不断完善。在对德国法进行考察的基础上，作者进而提出对日本法的建议。[④]矢岛圣也的《公共任务的公共化法学课题》，从公共任务的再分配视角出发，对民营化后私人未能有效完成公共任务或民营化期限届满而导致的再公共化现象，与民营化现象进行对比，在对公共化概念进行整理的基础上，对公共化的法律基准、组织形成等问题进行探讨，指出应该将公共化作为政策实现的重要手段而积极应用。[⑤]在地方法制方面，板垣胜彦的《地方自治法的现代性课题》，以"地

---

① 中原茂樹「国家賠償請求訴訟における保護範囲論について」法学83巻3号（2019年）。

② 大橋麻也「独立行政機関とフランス行政法」早稲田法学94巻4号（2019年）。

③ 友岡史仁「水道事業の経営規律と水道事業基盤強化の法的課題」行政法研究31号（2019年）。

④ 宮森征司「自治体事業の基礎的法枠組みの歴史的形成」行政法研究32号（2020年）。

⑤ 矢島聖也「公的任務の公共化にかかる法学的課題（1）（2）完」阪大法学69巻5号、6号（2020年）。

方政治的法""地域产业的法""国家与地方公共团体的关系"三个问题为支柱，对作者以往的研究进行深入的整理与归纳。对于"地方政治的法"问题，作者对专决处分、政务活动费、补助金支出等现有研究较少涉足的领域，基于司法裁判实例进行分析。对于"地域产业的法" 问题，作者从政策法务的视角对民宿条例、空屋条例等问题展开分析，对人口减少社会中的地域产业的发展方法提出了自己的见解。对于"国家与地方公共团体的关系"问题，作者从"条例的事务处理特例"等权限调整的问题入手，进行了深入的考察。①饭岛淳子的《议员与居民的交流》，为了探究地方议会议员与居民的交流在民主政治方面的法律意义，对地方公共团体的议会改革实践，地方议会、议员制度改革论，以及有关议员发言的判例动向进行了深入考察。②川端倖司的《条例的"准法律性"与地方议会的法律地位》，对条例的准法律性质进行了考察。作者对条例性质从战前的"自主法"到战后的"自主立法"的转变过程进行分析，对条例的法律性质以及地方公共团体、地方议会的地位的变迁进行考察，着重分析了条例的罚则设定、财产权规制以及租税法律主义等问题。③

---

① 板垣勝彦『地方自治法の現代的課題』（第一法規、2019年）。
② 飯島淳子「議員と住民とのコミュニケーション」法学83巻3号（2019年）。
③ 川端倖司「条例の『準法律』性と地方議会の法的地位（1）（2）完」自治研究95巻11号、12号（2019年）。

2020年日本刑法学研究综述

赵新新[①]

一、引言

本文在对2019年10月至2020年10月在日本境内出版或发表的专著、论文进行整理的基础上，对2020年度日本刑法学研究状况进行了归纳、总结。为反映日本刑法学界的最新关注和理论创新，本文以《法律时报》特辑——《2020年学界回顾》[②]所列文献为主要参考。

在日本令和时代开启之际，学界回顾了过去30年平成时代刑法学的发展状况，其中井田良的《平成时代的刑法学说》[③]、樋口亮介的《平成刑法总论》[④]、前田雅英的《平成犯罪和刑事法理论》[⑤]具有代表性。另外，受2020年新型冠状病毒肺炎疫情的影响，日本刑法学会第98届大会虽然被迫中止，但大会的个人研究报告和共同研究课题已经确定下来。个人研究报告有二本柳诚的《诈骗未遂罪的处罚时期》、上田正基的《刑事立法分析的应然考察》、富川雅满

① 赵新新，日本一桥大学法学博士，上海政法学院警务学院讲师。本文的写作得到国家留学基金委留金亚【2016】9106号基金资助。
② 亀井源太郎＝遠藤聡太＝佐藤拓磨＝仲道祐樹「刑法（特集・学界回顧2020）」法律時報92巻13号（2020年）42-58頁。
③ 井田良「平成時代の刑法学説」刑事法ジャーナル61巻（2019年）13-24頁。
④ 樋口亮介「平成の刑法総論」法律時報91巻9号（2019年）35-43頁。
⑤ 前田雅英「平成の犯罪と刑事法理論」研修861号（2020年）3-12頁。

的《诈骗罪中的诈骗行为和被害人确认》、东条明德的《实行着手论的再研究》、上原大祐的《多重人格被告人的刑事责任》，共同研究课题有《特殊诈骗和最高裁判例》《过失犯的预见可能性》《参与自杀罪的动向》《网络安全和刑事法》《刑事立法学》。这些论文在一定程度上反映了日本刑法学界的最新关注。

值得注意的是，随着中日刑法学界交流愈来愈多，日方对中国的刑法理论、中日刑法比较研究的关注度也愈来愈高。其中，在法学界享有盛名的成文堂出版了《中国犯罪论体系》[①]《中日经济刑法的最新动向》[②]《围绕中日刑法重要课题的中日比较法实践》[③]《中国刑法学的新展开》[④]等著作。

按照惯例，以下分为总论、分论、特别刑法三大板块，对2020年日本刑法学的研究状况进行介绍。

二、总论

（一）刑法基础理论

天田悠在其发表的《刑法"程序化"论的基础考察（1）》[⑤]论文中，对日本的临终医疗进行分析，并对主张临终医疗因部分引入程序而正当化的理论从以下视角展开批判性考察，即"行为人履行或者遵守了一定的程序，在什么范围以何种理由会对犯罪的成立与否产生影响"。

稻谷龙彦在《企业犯罪应对的现代课题（6）》[⑥]一文中，在论

---

① 孫文『中国の犯罪体系』（成文堂、2020年）。
② 斉藤豊治＝松宮孝明＝髙山佳奈子『日中経済刑法の最新動向』（成文堂、2020年）。
③ 甲斐克則『刑法の重要課題をめぐる日中比較法の実践』（成文堂、2020年）。
④ 陳興良＝西原春夫＝松尾剛行＝王昭武『中国刑法学の新展開』（成文堂、2020年）。
⑤ 天田悠「刑法における「手続化」論の基礎的考察（1）」香川法学39卷3-4号（2020年）155-185頁。
⑥ 稻谷龍彦「企業犯罪対応の現代的課題（6）」法学論叢186卷2号（2019年）1-57頁。

及有效应对企业犯罪的法制设计时，针对企业犯罪中的代理商问题提出以下三点：第一，在统计上有必要将其作为不可避免的事情去理解；第二，与政府相比，企业能够以较低的费用实施执法活动、预防代理商犯罪，有必要让其在最低限度内承担执法活动；第三，在思考对企业犯罪予以刑事制裁时，有必要将民事、行政、市场方面的制裁综合考虑进去。

（二）行为论·构成要件论

奥田菜津在《不真正不作为犯中作为义务的根据论》[①]一文中，对不作为犯做了基础性研究。作者指出，作为义务的功能在于作为义务的违反，即行为人有一定的作为可能，在具有作为义务的情形下，因违反作为义务而产生了不作为的实行行为。因此，作者肯定了不作为是因一定的事由被认定为具有实行行为性，从而构成作为义务的违反。并且，在这样的研究方向中，"可能"和"应当"的区别就变得重要起来，"应当"介入的内容只有在被规范正当化之后，才能在介入"可能"这一假定的基础上进行危险性评价。奥田菜津根据"可能"和"应当"的不同，构建了不作为的实行行为认定指标，并且在其结构框架中对以往的研究进行了梳理。

上野幸彦在论文《犯罪作为行为的不阻止》[②]中，对于作为实行行为不阻止者的罪责，通过"共谋认定"认定共谋共同正犯的实务倾向，在参照不作为的不法内容进行共谋认定这一点上，具有导致共谋共同正犯概念扩张的风险。并且作者认为，值得研究的问题是不作为参与，即法益依存于保障义务人的情形下，保障义务人具有改善、保全法益危险情形的义务时能够被认定为不作为参与。

加藤正明在题为《抽象的危险犯》[③]的连载文中对抽象危险犯不

---

① 奥田菜津「不真正不作為犯における作為義務の根拠論」71号（2019年）1065-1153頁。
② 上野幸彦「作為的犯行の不阻止」日本法学85卷4号（2020年）1378-1351頁。
③ 加藤正明「抽象的危険犯について（1）（2）完」神奈川法学52卷1·2号（2019年）1-37·181-223頁。

法的实质进行了分析，并强调了抽象危险犯的不法破坏了人们对问题法益的风险（危险）所形成的"了解"，进而引发风险冲突。

（三）因果关系论·客观归属论

大关龙一发表了题为《战前日本刑法因果关系论的学说和大审院判例》[1]的论文。该文指出，明治10年代后期以来受德国刑法学的影响，日本对因果关系展开了讨论，并且分析、探讨了日本从该时期到战前的学说以及判例，按时间顺序对学说进行了梳理。日本的因果关系学说经历了从旧刑法下关于殴打创伤致死罪中以"殴打创伤是不是致命伤"为基准，向"行为是不是结果的直接原因"为基准的变迁，以及之后在明治30年代引入了德国的等价说，到现行刑法下相当因果关系说成为通说。在判例部分，作者根据案例类型选择代表性案例进行了详细分析，从以下几点明确了大审院会如何考量或肯定因果关系：第一，在犯罪行为结束后介入行为发生的情形下，考量介入行为对结果发生的影响程度；第二，犯罪行为引发并发症致死时，如果不是稀有情况，则肯定因果关系；第三，被害人诉因竞合时，如果能认定条件关系，则肯定因果关系。以此为基础对战后学说、判例进行研究的续篇也十分令人期待。

（四）违法论

松本圭史在其专著《刑法中的正当化和结果归属》[2]中认为，与构成要件阶段一样，违法性阻却阶段也应在结果及其因果归属的框架内对正当化的诸问题进行考察。在此主张之下，作者对失败的正当防卫（第1章）、偶然防卫（第2章）、狭义的共犯与共同正犯中的违法连带性（第3章、第4章），以及将中止未遂置于违法性阻却阶段中违法性减少之下的要件（第5章）进行了研究。其独创性的主张在以下几个方面较为引人注目：因阻止侵害者攻击的可能性被包

---

[1] 大関龍一「刑法上の因果関係論に関する戦前日本の学説と大審院判例（1）（2）完」早稲田法学95巻2・4号（2020年）197-234・159-214頁。

[2] 松本圭史『刑法における正当化と結果帰属』（成文堂、2020年）。

含在违法性阻却阶段的"结果"中（结果有价值）而失败的正当防卫也是正当防卫；从对行为者进行结果有价值的归责适当与否这一问题出发，实现对参与者之间违法性阻却的个别化判断；从与结果有价值的因果性出发，在违法减少说的立场下说明中止未遂效果的专属性。

关于正当防卫，坂下阳辅在《防卫行为相当性以及退避义务·侵害回避义务的考察（3）》[①]一文中，对美国正当防卫在伴有致命有形力对抗行为进行攻击的严重性成为正当化要件的比例，以及在有可能安全回避却依然使用有形力的情形中，对决定其可容许性的回避义务进行了详细研究。该文还指出，虽然比例性的要求与否定回避义务的理解有一定的亲和性，但在其范畴内依然存在肯定回避义务的理论可能性。

另外，关于自动车驾驶致死伤事故的程序员的刑事责任，对其可罚的阻却余地进行研究的樋笠尧士的论文《有关AI和自动车驾驶的刑法诸问题：德国伦理规则和被容许风险的法理》[②]，作为限定销售商和程序员的刑事责任的方法，作者从紧急避险以外的理论构成展开探讨，参照德国2017年制定的《自动驾驶以及车联网相关规则》，认为在日本根据被容许风险的法理亦存在构成要件该当性阻却的余地，并且指出有必要参考上述伦理规则制定AI和自动车驾驶的研发指导准则。

（五）责任论

城下裕二的《责任和刑罚的现在》[③]一书，是其2009年之后发表的关于责任论、罪数论、量刑论、刑罚论的论文集。2009年是日本裁判员制度开始之年，该书各章围绕裁判员制度展开论述，并针对

---

① 坂下陽輔「防衛行為の相当性及び退避義務・侵害回避義務に関する考察（3）」法学83巻2号（2019年）151-192頁。

② 樋笠尭士「AIと自動運転車に関する刑法上の諸問題：ドイツ倫理規則と許された危険の法理」嘉悦大学研究論集62巻2号（2020年）21-33頁。

③ 城下裕二『責任と刑罰の現在』（成文堂、2019年）。

裁判员制度下的裁判实务提出建议。

林优贵在其发表的《辨识能力和违法性认识的可能性》[①]一文中，以强化责任能力判断的理论基础为目标，回顾了责任能力体系地位的相关研究，并梳理了责任能力和其他责任要素之间的关系。

小坂亮在《李斯特的责任能力论》[②]一文中，对近代学派的代表人物李斯特的责任能力论的变迁进行了论述。

岩瀬彻的论文《欠缺责任能力的少年犯的处遇》[③]，通过研究医疗观察法和近来的判例，对于《少年法》第3条第1款中的"犯罪少年是否以责任能力为要件"这个一直存在争议的问题，通过研究医疗观察法和近来的判例进行了研究，并建议将类似医疗保护观察的保护处分制度引入立法，在现行法的解释、运用层面上对少年犯适用医疗观察法的可能性进行了探讨。

（六）故意・错误论

樋笠尧士的论文《特殊诈骗中现金收取人及毒品犯罪人的故意认定》[④]选取了最高裁判所的两个判例，论证了两个判例中关于特殊诈骗的"某些犯罪—诈骗的认识"关系以及毒品犯罪中"种—类的关系"的不同，并对两个判例提出了疑问。

大庭沙织的论文《特殊诈骗中现金收取人故意的认定方法》[⑤]，以2018年的两个判例为研究对象，作者认为两个判例直接将工作内容等间接的客观事实认定为诈骗，其推理过程不明确，说服力不足，有必要关注被告人汇款型诈骗知识的有无，以及当时的具体状况。

---

① 林優貴「弁識能力と違法性の意識の可能性」大学院研究年報49号（2020年）129-146頁。

② 小坂亮「リストの責任能力論」東洋法学63巻2号（2020年）53-156頁。

③ 岩瀬徹「責任能力が問題となる少年に対する処遇について」家庭の法と裁判21巻（2019年）4-10頁。

④ 樋笠尭士「特殊詐欺の受け子と薬物事犯における故意の認定」捜査研究69号3号（2020年）96-112頁。

⑤ 大庭沙織「特殊詐欺の受け子の故意の認定方法」島大法学63巻2号（2020年）1-29頁。

小池直希的论文《贿赂罪中对公务员性质的认识和错误》[①]，以准公务员规定以及特别贿赂罪为中心展开研究，针对公务员性质的认识、错误的相关问题进行讨论，主张对收受贿赂者公务员性质的认识因贿赂的规制样态不同而不同。

松原芳博在论文《继续犯的故意存在时期》[②]中，通过对东京高等裁判所2015年8月12日的判例[③]进行检讨，从结果继续说的立场讨论了继续犯的故意存在时期。

（七）过失犯论

受3·11日本地震的影响，福岛第一核能发电站的核反应堆发生了爆炸，针对在该事故中东京电力原高层领导是否构成业务过失致死伤罪，东京地方裁判所2019年9月19日判决认定被告人全部无罪。对此，日本学界从过失犯论角度出版了很多研讨专题。其中《特辑／东电福岛第一核电站业务过失致死伤事件：对认定高层领导无罪的一审判决的研究》这一专题包括小林宪太郎的《东电无罪判决杂感》[④]、福崎伸一郎的《东电无罪判决的思路》[⑤]、樋口英明的《东电高层领导的无罪判决》[⑥]、大塚正之的《福岛第一核电站事故和东电的责任：从与民事判决的对比出发》[⑦]等论文。另外，《特辑／东京电力原高层领导第一审判决的研究》刊登了松宫孝明的《关于东京电力原高

---

① 小池直希「贿赂罪における公务员性についての认识と错误」早稻田大学大学院法研论集173卷（2020年）97-122页。

② 松原芳博「继续犯における故意の存在时期」早稻田法学95卷1号（2019年）31-50页。

③ 东京高裁平成27年8月12日判决、判例时报2317号（2017年）136页。

④ 小林宪太郎「东电无罪判决杂感」判例时报2431·2432（2020年）48-52页。

⑤ 福崎伸一郎「东电无罪判决の手法について」判例时报2431·2432（2020年）53-57页。

⑥ 樋口英明「东电经营阵の无罪判决について」判例时报2431·2432（2020年）58-62页。

⑦ 大塚正之「福岛第一原発事故と东京电力の责任：民事判决との对比から」判例时报2431·2432（2020年）63-67页。

层领导第一审判决的研究》①、冈部雅人的《东京电力原高层领导第一审判决的研究：从新过失论的立场出发》②、土井和重的《大规模事故的刑法应对》③等论文。本案的上诉仍在进行中，相信今后也会引发学界的持续关注。

（八）未遂犯论

东条明德的连载论文《实行着手论的再研究（3）（4）》④对将实行的着手、不能犯作为未遂犯处罚根据中的"危险性"的通说进行了批判性研究；研究了以比较法研究为基础的日本在该领域研究的变迁，即在这一过程中，法国刑法的哪些部分是通过法国学者博瓦索纳德（Gustave Boissonade）引进日本刑法典及解释论中的。作者通过对立法过程、判例、学说的详细梳理，得出不能犯论是因为社会危害的不存在、行为不满足作为犯罪处罚的最低条件。与此相对，东条明德主张实行着手论中社会危害的存在与否是独立的，讨论了利用既遂犯法定刑对其进行处罚的要件，得出两者具有阶层性差异的结论。

受比较法研究对象国多样化的影响，关于未遂犯，刑事法杂志刊发了《实行着手的比较法研究》研讨专题。该专题由佐藤拓磨的《日本的实行着手》⑤、二本柳诚的《德国的实行着手》⑥、末道康之

---

① 松宮孝明「東京電力旧経営陣第一審判決について」刑事法ジャーナル64巻（2020年）4-10頁。

② 岡部雅人「東京電力旧経営陣第一審判決について：新過失論の立場から」刑事法ジャーナル64巻（2020年）11-20頁。

③ 土井和重「大規模事故における刑法の対応」刑事法ジャーナル64巻（2020年）21-26頁。

④ 東條明德「実行の着手の再検討」法学協会雑誌136巻7・9（2019年）1650-1705・2019-2117頁。

⑤ 佐藤拓磨「日本における実行の着手」刑事法ジャーナル63巻（2020年）4-11頁。

⑥ 二本柳誠「ドイツにおける実行の着手」刑事法ジャーナル63巻（2020年）12-16頁。

的《法国的实行着手》①、东条明德的《意大利的未遂开始时点》②、江藤隆之的《西班牙的实行着手》③、星周一郎的《美国的实行着手》④等论文构成。

（九）正犯·共犯论

照昭亮介在《书评/曲田统〈共犯的本质和可罚性〉》⑤中，对《共犯的本质和可罚性》⑥一书进行了总结。作者从将集团犯原理置于共犯论理解的立场出发，整理了目的和计划的主观适当性、参与者之间具有主观团结性时的共谋共同正犯、以正犯的动机支配为本质的教唆、以接近正犯不法为处罚根据的帮助，在此基础上，分析了中立行为的帮助和默示的共谋。

谷冈拓树的论文《承继共犯的判例研究（2）（3）完》⑦，将承继共犯分为罪名层面的承继问题和量刑层面的承继问题，主要研究了量刑层面的承继问题，并对判例进行了分析研究。作者提到，在实务中对共犯案件犯罪事实的评价采取两个阶段模式，即首先是对共犯行为全体进行评价，其次是对参与者个人在犯罪行为中的地位、作用进行评价。在对后行为者的犯罪事实进行评价时，在第一阶段应该将前行为者的行为考虑进去。谷冈拓树从这一观点出发，研究、分析了可否承继的问题，并且其主张承认量刑层面的承继，能够理解

---

① 末道康之「フランスにおける実行の着手」刑事法ジャーナル63巻（2020年）17-21頁。

② 東條明徳「イタリアにおける未遂開始時点について」刑事法ジャーナル63巻（2020年）22-26頁。

③ 江藤隆之「スペインにおける実行の着手」刑事法ジャーナル63巻（2020年）27-31頁。

④ 星周一郎「アメリカにおける実行の着手」刑事法ジャーナル63巻（2020年）32-37頁。

⑤ 照昭亮介「書評/曲田統『共犯の本質と可罰性』」刑事法ジャーナル64巻（2020年）126-128頁。

⑥ 曲田統『共犯の本質と可罰性』（成文堂、2019年）。

⑦ 谷岡拓樹「承継的共犯の判例について（2）（3）完」早稲田大学大学院法研論集171・172（2019年）231-255・123-145頁。

为由于后行为者的参与导致了最终结果的发生，在第二阶段如果能够对后行为者的地位、作用进行合理评价，则不会违反个人责任原则。最后得出了与因果共犯论并不矛盾的结论，即无论是在罪名层面的承继，还是量刑层面的承继，判例并非无视后行为者的个别行为与最终结果间的因果性。

照昭亮介发表的《关于利用被害人的间接正犯研究》[1]一文，对于使用暴力、胁迫、欺骗手段使法益主体侵害自身法益行为的刑法评价，主张应将承诺的有无、有效性和间接正犯的正犯性进行区别判断。在利用被害人侵害其自身生命的案例中，针对承诺有效性和正犯性都被否定的情形，作者主张教唆自杀或者帮助自杀成立，认为认定教唆行为或者帮助行为时不需要正犯者具备自律性，只需要客观上具有对构成不法内容事实的认识或者抽象行为意思就足够了。

（十）罪数论·量刑论·刑罚论

关于罪数论，青木阳介发表了《包括的一罪主观要件的考察》[2]一文，以包括的一罪的要件，特别是以主观要件的精细化为目标，在广泛分析德、日的判例、学说的基础上，认为包括的一罪的基础即主观方面的一体性是各行为的动机、目的、意图等在性质上的同质性，主张在对行为人进行一次非难就足够的情形下，将时间、场所的接近性放入主观判断中，进而限制包括的一罪的成立范围。

关于量刑，重田裕之的《从统计看裁判员裁判中量刑的公平性判断》[3]一文，以最高裁判所2014年7月24日的判例为素材，从统计的观点出发，以一直以来的实务倾向为基础，将量刑判断的正当化方法具体化。

关于死刑，森大辅发表了《日本死刑的抑制效果：三个先行研

---

① 照昭亮介「被害者を利用した間接正犯をめぐる議論」上智法学論集63巻3号（2019年）25-63頁。

② 青木陽介「包括一罪の主観的要件についての一考察（1）－（3）完」上智法学論集63巻1・2・3号（2019年）45-85・61-96・65-107頁。

③ 重田裕之「裁判員裁判における量刑の公平性の判断：統計の見地から」刑事法ジャーナル62巻（2019年）81-94頁。

究计量分析的再研究》①一文，针对死刑效果抑制的三个先行研究的计量分析，对公开统计数据进行收集，以再现各研究计量分析的方法进行了再研究，指出死刑判决率及死刑执行率这些有关死刑变数的差异，区别死刑抑制效果各研究结论的可能性很高，并指出了各研究中分析方法的共通问题。

另外，判例时报策划了《死刑制度论的现状：基础理论和形势的多角度再思考》的专题，其中包括：井田良的《死刑制度存废的研究——以提高研究的质量为目标》②、松原芳博的《刑罚的正当化根据和死刑》③、福岛至的《死刑执行和自由权规约第6条第4款的保障》④、渡边一弘的《以实证为基础的死刑制度论探索》⑤、本庄武的《舆论在死刑制度论中的意义》⑥。

三、分论

（一）财产犯以外的个人法益的犯罪

关于杀人以及自杀，冈崎颂平发表了论文《关于自杀的法律评价考察》⑦，其以行为人不具有对自己生命的处分权这一宪法学说为依据，主张自杀违法，但因为不具有期待可能性而不处罚。

---

① 森大輔「日本の死刑の抑止効果：3つの先行研究の計量分析の再検討」熊本法学148号（2020年）416-344頁。

② 井田良「死刑制度の存廃をめぐって：議論の質を高めるために」判例時報2428号（2020年）151-157頁。

③ 松原芳博「刑罰の正当化根拠と死刑」判例時報2430号（2020年）155-161頁。

④ 福島至「死刑執行と自由権規約6条4項の保障」判例時報2433号（2020年）140-144頁。

⑤ 渡邊一弘「エビデンスに基づく死刑制度論の模索」判例時報2434号（2020年）146-152頁。

⑥ 本庄武「死刑制度論における世論の意義」判例時報2441号（2020年）107-112頁。

⑦ 岡﨑頌平「自殺の法的評価に関する一考察」秋田法学61号（2020年）61-77頁。

关于伤害罪，薮中悠出版了专著《人的精神的刑法保护》[①]。针对引起精神障碍能否被伤害概念所包含这一问题，作者进行了德国、澳大利亚、瑞士各国的比较法研究和日本法的历史研究。在比较法研究部分，德国将精神障碍从伤害罪的保护范围排除出去；瑞士则将精神障碍纳入伤害罪的保护范围；而澳大利亚虽然多数人支持"精神障碍应当受保护"，但在学说上依然存在争议。通过比较，作者得出结论，即各国的伤害概念深受其历史形成过程的影响。受此启发，作者在历史研究部分指出，日本旧刑法曾将精神障碍作为伤害罪的保护法益，现行刑法没有理由将其从中排除出去。针对造成什么样的精神障碍算作构成伤害，作者提出了"精神机能本来作用"标准以及"精神机能障碍"标准，比如，一时性的压力属于前者的范畴，不符合伤害概念；PTSD和重度意识障碍属于后者的范畴，包含在伤害概念之中。该书将扎实的比较法研究和历史研究结合起来，可以说是十分出色的研究成果。

关于飙车行为与暴力行为、伤害之间的关系，松本圭史发表了《飙车行为与伤害罪·伤害致死罪以及妨害型危险驾驶致死罪的成立与否》[②]一文，主张当行为产生一般驾驶行为不会产生的具体伤害时，行为人对此具有认识并容忍的情形下，妨害驾驶行为构成暴力行为，而妨害驾驶致死罪则是在妨害驾驶行为不构成暴力行为的情形下，对致死伤行为的刑法规定。

关于性犯罪，学界在立法论和解释论两方面都取得了重要的研究成果。在立法论方面，井田良发表了论文《性犯罪处罚规定中的暴力行为·胁迫要件》[③]。作者将暴力行为和胁迫要件放在了违背被害人意志性交的确认要件中，并主张如果实务中对暴力行为和胁迫的解释比性犯罪中的标准高的话，那么在立法上应增加威慑、威胁

---

① 薮中悠『人の精神の刑法的保護』（弘文堂、2020年）。
② 松本圭史「あおり運転行為と傷害罪・傷害致死罪および妨害型危険運転致死傷罪の成否」早稲田法学95巻2号（2020年）235-280頁。
③ 井田良「性犯罪処罰規定における暴行・脅迫要件をめぐって」法曹時報72巻2号（2020年）253-282頁。

等造成心理压迫的弱行为状态。嘉门优发表了《面向性犯罪规定的修改》[①]一文，针对性犯罪是"不同意"犯罪的观点，作者主张弱化性犯罪认定中的"no means no"模式和"yes means yes"模式，根据被害人的情况，在立法上增设不同类型的抗拒不能规定。在解释论方面，受2017年判例变化的影响，学界发表了一些有关强制猥亵罪的论文。伊藤亮吉发表了论文《强制猥亵罪中的性意图》[②]，主张性意图不是对强制猥亵罪的法益侵害性产生影响的意图，而是以客观事实判断猥亵行为的可能性，在判断猥亵的行为性时，没有必要考虑性意图。桥爪隆的论文《非接触性猥亵行为研究》[③]区分了被害人被强迫做出一定的行为或姿态的类型和行为人向对方展示性姿态的类型，前者是将被害人的身体作为性对象利用而给予处罚；而后者是行为人利用自己的身体做出性姿态给被害人造成性的冲击而被处罚。

关于侵入住宅罪，齐藤彰子的论文《侵入和居住权者、管理权者的意思》[④]从实质区别居住权者主观意识的观点对限定"侵入"概念诸观点的根据和判断基准的适当与否进行了研究，得出这些观点缺乏说服力的结论。

（二）财产犯

关于诈骗罪，佐竹宏章出版了专著《诈骗罪和财产损害》[⑤]，详细梳理了日本诈骗罪的历史演变。明治23年的相关草案参照了德国刑法典第263条第1款，因此该书主张在对日本诈骗罪的构成要件结果进行解释时，可参照德国的相关研究。另外，关于"财产上的不

[①] 嘉門優「性犯罪規定の見直しに向けて」2019 卷5＝6号（2019年）1860-1880頁。

[②] 伊藤亮吉「強制わいせつ罪における性的意図」名城法学69巻1＝2号（2019年）25-69頁。

[③] 橋爪隆「非接触型のわいせつ行為について」研修860号（2020年）3-16頁。

[④] 齊藤彰子「侵入（刑法130条前段）と住居権者、管理権者の意思」名古屋大学法政論集285号（2020年）83-120頁。

[⑤] 佐竹宏章『詐欺罪と財産損害』（成文堂2020年）。

法得利"，从明治40年的立法草案也采取了相同的立法语言来看，应朝着行为人不具有获得财产上利益的权利的方向进行解释。关于财产概念、财产损害，该书采取了人格财产概念以及以此为基础的财产损害概念。该书的结论部分，主张财物骗取、财产上的不法得利，是以当事人之间的法律关系的事实为根据，从公平判断者的视角出发，判断是否应当正当化。在其不能正当化的情形下，才能够承认财物骗取、财产上不法得利中的"不法"性，承认其是诈骗罪的构成要件结果。

山内龙太的《诈骗罪和盗窃罪的构成要件符合》[①]一文，以偷换信用卡案例中的共犯错误为素材，对日本刑法第246条第1款的诈骗罪和盗窃罪的构成要件符合进行了研究。该文对以下两种情形进行了分析，即盗窃中占有者没有转移财物意愿的情形和转移财物意愿无效仅仅是机械地不正当使用的情形。后者是日本刑法第246条第1款中诈骗罪共有的特点，主张在整体上符合盗窃罪和日本刑法第246条第1款诈骗罪的构成要件。

（三）对社会法益·国家法益的犯罪

冈部天俊的论文《不正指令电磁记录概念与条约适合性解释》[②]以Coinhive事件第一审判决为对象，从立法历程上对不正指令电磁记录概念进行了研究，并主张该事件中成为问题的程序不满足反意图性动作的要件。

中村悠人发表了《参考人的虚假供述和证据伪造罪》[③]一文，以最高裁判所2016年3月31日的判例为对象，对有关参考人虚假供述的先行研究进行了研究，并主张消极说具有妥当性。

---

① 山内竜太「詐欺罪と窃盗罪の構成要件的符合について」法学政治学論究125号（2020年）35-70頁。

② 岡部天俊「不正指令電磁的記録概念と条約適合的の解釈」北大法学論集70卷6号（2020年）1163-1181頁。

③ 中村悠人「参考人の虚偽供述と証拠偽造罪」現代法学36号（2019年）127-148頁。

高田久实的论文《"社交"和"射幸"的关系》①从以前的律令到现行法对赌博的规制、处罚历史进行了梳理。作者指出，在古代，赌博是社交行为，古代有禁止赌博、对赌博进行处罚的法令、政策，也有允许赌博的法令、政策。

今井猛嘉发表了《外国公务员行贿罪的对策》②一文，主张嫌疑人与检察官或者裁判所协商，在满足一定条件的情形下，可以免于追诉或有罪判决，使得给予较轻制裁的处理方法具有利用空间。

四、特别刑法

在特别刑法领域，学界除了出版了关于行政刑法研究的专著之外，与飙车相关的危险驾驶致死伤罪的研究、恐怖准备罪相关的研究以及围绕2020年著作权法修改中违法下载犯罪化、搜索引擎规制相关的研究也十分引人注目。

今村畅好出版了《行政刑法论序说》③一书，针对行政刑法的诸问题，对德、日已有的研究进行了详细的梳理。在此基础上，从刑法的视角出发，对符合行政指导的行为、行政行为的公信力以及犯罪行为的刑法评价进行了研究。

针对组织犯罪处罚法上的恐怖准备罪，安达光治发表了《恐怖准备罪中"组织犯罪集团"的要件》④，认为"组织犯罪集团"的外延不明确，立法上应参照德国刑法第129条第3款中"目的从属意义"的适用免除来限定其外延。

关于跟踪行为的规制，龟田悠斗的论文《关于跟踪行为罪的考察（1）（2）完》⑤，通过德、日法律的比较，主张该罪的保护法益

---

① 髙田久实「"社交"と"射倖"のあわい：賭博規制の日本法史」法学セミナー65巻3号（2020年）44-49頁。

② 今井猛嘉「外国公務員贈賄罪への対策」1159号（2019年）13-20頁。

③ 今村暢好『行政刑法論序説』（成文堂、2020年）。

④ 安達光治「いわゆる『テロ等準備罪』における『組織的犯罪集団』の要件について」立命館法学2019巻5=6号（2020年）1809-1831頁。

⑤ 亀田悠斗「ストーカー行為罪に関する一考察（1）（2）完」阪大法学69巻5・6号（2020年）1049-1077・1471-1499頁。

是维持日常生活必不可缺的个人安心感，在此基础上得出该罪的要件是"被害人的认识可能性"，并指出该罪的应然成立范围。

关于儿童福祉法，矢田悠真发表了《致使儿童淫秽行为罪》[①]一文，主张该罪的处罚根据是阻碍儿童性行为判断能力的形成，具有侵害其未来性自主权的危险。

关于轻犯罪法，冈本洋一发表了《关于轻犯罪法第1条第2号罪名的再思考》[②]，指出了"正当理由"的判断基准，并对"正当理由"要件在事实上决定该罪成立与否的现状进行了批判，主张应将集中在"正当理由"中的考虑要素反映到其他要件解释中。

五、结语

通过以上梳理可以看出，2020年日本刑法学研究具有以下明显的特点：第一，注重从司法实务出发，尤其是典型的判例，从中寻找问题的关键点，进行基础性的理论研究，并努力将其反映到实务中的具体问题上；第二，在进行基础理论研究时，注重运用比较的、历史的研究方法，不论从立法论还是从解释论的层面解决问题时，都力图关注国外的理论及立法，或者总结本国的历史经验，进而解决具体问题。借鉴国外的理论、立法并使之本土化，总结历史、实务经验并解决实际问题，这也是值得我们思考和学习的地方。

---

① 矢田悠真「児童に淫行をさせる罪の処罰範囲」慶應法学43号（2019年）161-185頁。

② 岡本洋一「軽犯罪法1条2号の罪について再び考える」熊本法学148号（2020年）215-276頁。

2020年日本民法学研究综述

贾　悦[①]

随着2020年4月1日日本民法（债权法）修正案、民法（继承法）修正案的全面实施，学界对修正法案的关注点逐步从法理解释转向实务运用。本文主要参考《法律时报》第92卷第13期的2020年学界回顾民法部分，从财产法和家族法的角度，对2020年度日本民法理论的发展状况做一个简要综述。

一、民法总则

（一）修正债权法的实施

本年度学界的讨论热点依然集中于债权法修正过程中备受关注的错误及消灭时效问题，研究的主要素材为债权法修正审议中的立法资料（《债权法修正的基本方针》及法务省[②]分部会议资料等）。

1. 错误

崛川信一的《日本法上错误论的展开与课题（6）完》一文，详细地分析了判例法理、学说、债权法修改过程中的讨论内容，综合地整理、提示了修改法上错误法理的解释论中存在的问题。古谷英惠的《修正民法中动机错误与错误的风险分配》一文，通过参照美

---

① 贾悦，日本中央大学法学研究科博士研究生。
② 法务省是日本的行政机关，其主要职责是制定法律，维持法律秩序，维护国民权利，出入境管理等。

国合同法上错误的风险负担理论，对日本民法第95条的要件进行了比较研究。西内康人的《错误与论理puzzle＋α》一文，在否定自始给付不能及特定物教条的修正民法中，对应如何理解民法修改前动机错误系有关物的性质错误的论点质疑，指出虽然根据"付与意思说"解释合同的话，性质错误可适用于表示与效果的意思不符合的表示错误，但是该结论并不妥当。作者探讨了将性质错误定位为基础的情事错误的理论构成。[①]

2．消灭时效

香川崇的《新消灭时效法中起算点确定法理》一文，主张在原则上时效期间是20年的前提下，为确保在短于此时效期间的规定中权利人行使权利的机会，起算点应设定为权利行使在事实上期待可能之时。另外，即使以此时点为起算点的消灭时效期间没有届满，自法律上的障碍消除之时算起，经过20年时效消灭。大久保邦彦的《时效障碍的效力及于其他人的范围扩张的根据》一文，以瑞士法为比较对象，探讨在连带债权、连带债务等的消灭时效中，时效障碍的效力及于没有直接参与时效障碍行为人的根据可从代理权、授权上考虑的可能性。[②]

此外，松本克美的《人格利益侵害的损害赔偿请求权的消灭时效》一文，在整理德国、韩国的立法动向的基础上，主张生命或身体侵害的损害赔偿请求权的普通诉讼时效期间（参照民法第167条第742之2）不应是5年，而应是10年。川上生马在《关于消灭时效期间之合意变更的判断要素考察》一文中，对可否由当事人协议缩短或延长时效期间的问题，参考法国法中的相关议论，归纳总结考量要素。[③]

---

① 崛川信一「日本法における錯誤論の展開とその課題（6）完」大東法学29巻2号；古谷英惠「改正民法における動機錯誤と錯誤のリスク負担」武蔵野法学12巻；西内康人「錯誤と論理パズル＋α」法律時報91巻13号；中古崇「遺言の錯誤」横浜法学28巻3号。

② 香川崇「新消滅時効法における起算点確定法理」富大経済論集65巻2号；大久保邦彦「時効障害の効力の人の範囲の拡張根拠」阪大法学70巻2号。

③ 松本克美「人格的利益侵害の損害賠償請求権の消滅時効」立命館法学387＝388号；川上生馬「消滅時効期間の合意による変更の判断要素に関する一考察」法と政治71巻1号。

3. 关于债权法修正的其他研究

清水惠介的《民法第102条论》一文，指出关于代理人行为能力的民法第102条是置于债权法修改对象的代理法与非修改对象的行为能力法的边界线上的规定。他对在修正债权法中未充分探讨行为能力法提出了批判。野中贵弘的《恢复原状之对价合意的意义》一文，探讨了因解除而恢复原状的情形下，若当事人不能返还原物，应当如何计算偿还数额的问题。①

（二）青年、老人与民法

2018年6月，法务省通过《修改民法部分规定之法律（成年年龄）》平成30年法律第59号，将成年人年龄由20岁下调至18岁。成年人年龄的下调对社会影响重大，在修正法案施行（2022年4月1日施行）之际，学界展开了议论。《特辑／降低民法成年年龄》刊登了以下论文：镰田薰等人的《座谈会／降低成年年龄法的实施与课题》、笹井朋昭的《降低成年年龄等内容的民法部分修正案概要》、消费者厅消费者政策科等的《关于年轻消费者被害的现状及对策》、水野纪子的《涉及成年年龄·婚姻年龄的民法修正意义与课题：以家族法为中心》、后藤卷则的《降低成年年龄的意义与课题：以财产法为中心》、平田厚的《降低成年年龄等对法实务之影响》。②

山下纯司的《金融交易之老年人保护》一文，主张为了让老年人更加安全地进行金融交易，不能仅依靠民法的意思能力、行为能力制度，以及消费者合同法、金融商品交易法的保护，而应寄希望于经营方的软法，去应对老年人的事前安排。熊谷士郎的《任意监护合同法第10条第1项相应性的判断结构》一文，对法定监护是否可以优先于任意监护需在综合考量的基础上判断的学界主流观点质疑，主张应对考虑因素进行限定性解释。③

---

① 清水惠介「民法102条論」日本法学85卷2号；野中貴弘「現状回復における対価合意の意義」日本法学85卷2号。
② 「特集/民法成年年齢引下げ」法の支配196号。
③ 山下純司「金融取引における高齢者の保護」『比較民法学の将来像』（勁草書房、2020年）；熊谷士郎「任意後見契約法10条１項該当性の判断枠組み」法学83卷4号。

二、物权法的研究进展

（一）所有者不明的土地问题

1．全体

针对因继承法构造的缺陷所造成的所有者不明的土地问题的相关立法工作也在逐步进行。法务省于2020年1月公开了《关于民法·不动产登记法（所有者不明土地关系）等修正的中间试案》（以下简称《中间试案》），向社会征求意见。因此，所有者不明的土地问题是本年度学界关注和议论的焦点。松尾弘的《探究土地所有（1）－（12）完》详细整理了土地所有权制度的历史沿革，分析了所有者不明的土地的产生原因及对策，并对土地基本法的修正进行了探讨。[①]

2．问题产生原因的解明及解决方案的探索

原田纯孝的《所有者不明土地与日本民法继承法的争论点：登记制度、法国民法典继承法的比较讨论（上）（下）》一文，对公证人等司法资源的不完善、长子单独继承的旧习的保留、不依据民法第938条的规定而事实上放弃继承，以及共同继承份额的对抗问题的判例立场等诸多所有者不明土地产生的原因展开了详细的分析。七户克彦的《关于所有权不明土地之民法·不动产法的修正：以配偶居住权为论点》一文，明确指出应从根本上修改遗产分割制度的必要性。小柳春一郎的《法国2018年所有者不明土地对策新法：持有份额过半数而实施的处分行为（出售共有的不动产及分割协议）的容许》一文，通过分析法国的将海外领土遗产共有的脱离（解除）简单化的特别法，以探寻对日本法制度构建的启示。[②]

---

① 松尾弘「土地所有を考える（1）－（12）完」法学セミナー771号~782号。
② 原田純孝「所有者不明土地と日本民法相続法の問題点：登記制度も含め、フランス民法典相続法との対比の中で検討（上）－（下）」土地総合研究27巻4号、28巻1号、28巻3号；七户克彦「配偶者居住権を論じて所有者不明土地問題に関わる民法·不動産登記法改正に及ぶ」法律時報92巻5号；小柳春一郎「フランスの2018年所有者不明土地対策新法（海外領土遺産共有解消法）：持分過半数発動による処分行為（共有不動産相客及び協議分割）の許容」土地総合研究28巻2号。

3．其他：杂志特辑等

《特辑／关于所有者不明土地的法律课题》围绕所有者不明的土地问题进行了客观阐述，是了解《中间试案》主要内容的第一手资料。该特辑收录了以下内容：松尾弘的《关于所有者不明土地的法律问题》、小柳春一郎的《〈中间试案〉中土地所有权的放弃》、藤卷梓的《共有制度的再探讨》、宫本诚子的《继承财产的管理》、佐久间毅的《遗产分割的期间限制》、秋山靖浩的《相邻关系——对所有者不明土地及管理不全土地的应对》、原惠美的《不动产登记制度的再探讨》。《法律时报》连载的第一篇论文《新土地法》来自伊藤荣寿的《共有法修改的根据与界限（上）（下）》。他认为，根据99%以上土地都能找到所有权人的地籍调查结果，所有者不明土地面积占比很大的观点是不正确的。此外，对于失去利用价值、且不影响周围环境的土地，即使无法查明土地所有权人也不成问题。除此之外，在推进3·11日本地震灾后复建工作中，所有者不明土地问题成为征收事业用地的阻碍是该问题备受社会关注的原因之一。《特辑／物权法与征收关系法的交错》对2019年10月21日举办的日本土地法学会研讨会的《中间试案》进行了补充、整理，聚焦于所有者不明土地问题的动向和征用关系法，收录了以下论文：鸟谷部茂的《企划主旨——所有者不明土地问题的动向》、堀田亲臣的《所有权放弃的相关问题》、福重里子的《土地征用法的不明裁决·平滑化法的征收特例》、石口修的《意思主义、对抗要件主义和效力要件主义》、井川雄一的《土地、建筑物的登记义务》、仁王头毅的《以推进顺利征用为目的的所有权、利用权的评价与补偿》。①

（二）共有、区分所有

佐藤康纪的《关于"共有"的使用和管理规律及其多元性：以法国法的展开为素材（1）-（3）》一文，深入分析了法国法上共有

---

① 「特集/所有者不明の土地をめぐる法的課題」ジュリスト1543号；伊藤栄寿「共有法改正の根拠と限界（上）（下）」法律時報92卷4号、92卷5号；「特集/物権法と収用関係法との交錯」市民と法123号。

理论的形成过程，对2016年修正法的定位进行了考察。在区分所有法方面，吉原知志的连载论文《区分所有法中作为权利行使主体的"团体"：共同利益实现的实体法与诉讼法之交错（1）-（6）完结》，以针对德国住宅所有权法的议论为素材，明确区分了所有权法第3条中团体的法律地位，并尝试阐明在最高裁平成23年2月15日判决和最高裁平成27年9月18日判决中成为争论点的、区分所有人的权利归属和行使的构造。[①]

（三）担保物权

在担保物权方面，主要围绕最高裁平成30年2月23日判决（被担保债权受到免责许可决定的效力的情形下抵押权的消灭时效）和最高裁平成30年12月7日判决（所有权保留的动产为目的的集合动产让与担保权的成立与否）展开。

1. 典型担保

在典型担保方面，主要研究成果有直井义典的《明治时期关于禁止流质的议论》、关武志的《不动产质权的物的支配及其性质：明治20年至今的议论为中心》等[②]。

2. 非典型担保

齐藤由起的《法国担保法的现在（1）-（3）：以破产手续中处置的观点为依据》介绍了法国担保法的相关动向。藤泽治奈的《美国动产担保法（UCC第9编）中后顺位担保权人的地位》，针对美国统一商事法典第9编中先顺位动产担保权人和后顺位动产担保权人的关系，以设立时和施行时为中心，介绍制度的内容，考察了日本应

---

① 佐藤康紀「『共有』の使用及び管理に関する規律とその多元性：フランス法の展開を素材として（1）-（3）」法学協会雑誌137巻3号、5号、7号；吉原知志「区分所有法における権利行使主体としての『団体』：共同の利益の実現における実体法と訴訟法の交錯（1）-（6）完」法学論叢183巻1号、183巻6号、184巻4号、185巻1号、185巻6号、186巻2号。

② 直井義典「明治期における流質禁止をめぐる議論」筑波ロー・ジャーナル25号；関武志「不動産質における物的支配とその性質：明治20年代から現在までを中心に」青山法学論集61巻4号。

如何构建动产担保物权制度。此外，还有青木则幸的《动产让与担保立法论中基于登记而即时取得学说的检讨意义：美国统一商事法案第9编担保物权的对抗要件理论及善意取得制度的交错》等①。

三、债权法的研究进展

（一）债权总论

1. 债权总论的基本概念

山城一真的《法国合同法中的"给予"概念》一文，通过分析法国法上债的客体的给予概念，探讨了其对日本法的启示。根岸谦的《债权关系概念再考察（2）完》一文，探讨了德国法上债权关系概念的形成过程，并总结了日本法上的相关见解，对债权关系概念的问题进行了初步考察。②

2. 责任财产的基础研究

小峰庸平的《责任财产的分割与转移》一书，是根据作者本人2018年在法学协会杂志上发表的大型连载论文整理出版的。该书深入且缜密地分析了法国法上财产（patrimoine）概念的学说及理论。③

3. 债务不履行的相关研究

民法（债权关系）修正案对债务不履行归责事由进行了重大修改，新设民法第412条之2"代偿请求权"的规定。大原宽史的《履行不能与债务人的归责性》一文，以民法第412条之2第1项为研究对象，考察在一般履行不能以外的情形下，判断履行不能的评估要素。

---

① 齊藤由起「フランス担保法の現在（1）‐（3）：倒産手続における処遇の観点を踏まえて」阪大法学69巻1号、69巻2号、69巻5号；藤沢治奈「アメリカ動産担保法（UCC第9編）における後順位担保権者の地位」立教法学101巻；青木則幸「動産譲渡担保立法論における登記による即時取得説の検討の意義について：アメリカ統一商事法典（UCC）第9編における担保権の対抗要件理論と善意取得制度の交錯を中心に」比較法学54巻1号。

② 山城一真「フランス契約法における『与える給付』概念」慶応法学44号；根岸謙「債権関係概念の再考（2）完」法学83巻2号。

③ 小峯庸平『責任財産の分割と移転』（商事法務、2020年）。

在该文中，作者探讨了劳务提供等需要债务人自身履行债务的情形，特别是怎样衡量债务人的可归责性的问题。长坂纯的《原始的不能与债务不履行责任》一文，主要针对第412条之2第2项中所指的自始履行不能的合同并非当然无效的规定进行了研究。①

关于损害赔偿方面，齐藤航的《合同违反中过失相抵的法律性质（4）（5）完》一文，参照美国法的过失相抵理论，探讨了民法第418条所规定的过失相抵理论的根据和适用范围。河野航平的《损害赔偿金的预期中实际损害金额与预期金额的不均衡》一文，参照德国法，对损害赔偿金预期条款的限制规律提出了新的分类观点，以及仅以客观的不均衡为由将规制内容正当化的可能性。②

4．保证

西村曜子的《保证合同订立过程的规律（4）完》一文，以英格兰法为比较对象，探讨了以确保保证人的保证意思为目的的合同订立过程的规制。大泽慎太郎《保证合同的未来》一文对超高龄社会背景下保证合同的机能进行了探讨。③

5．合同地位转移的独自性

山冈航在《合同上的地位转让与解除权（1）（2）》一文中，针对合同上的地位转让的独自效果之一，即解除权的转让的观点，参考德国法的研究，指出该议论分为两个阶段，即解除权与合同当事人的地位可否分离（第一阶段）；在肯定前者的基础上进行了债权转让时权利的分配（第二阶段），明确了对于解除权的分配，让予人与受让人的利害关系。④

---

① 大原寛史「履行不能と債務者の帰責性」中京法学54巻3・4号；長坂純「原始的不能と債務不履行責任」法律論叢92巻4・5号。
② 齋藤航「契約違反における過失相殺の法的性質（4）（5）」中央ロー・ジャーナル16巻3号、16巻4号；河野航平「損害賠償額の予定における実損害額と予定額の不均衡」法政論究123巻。
③ 西村曜子「保証契約締結プロセルの規律（4）完」北大法学70巻2号；大澤慎太郎「保証の行方：『超高齢社会と担保法』序説」慶応法学44号。
④ 山岡航「契約上の地位の移転と解除権（1）（2）完」名古屋学院大学論集/社会科学編56巻4号、57巻1号。

（二）合同

1. 合同责任的时间延长

莲田哲也的《合同责任的时间延长》一书，探讨了履行给付义务后合同责任时间的延长问题。作者根据履行过程中的债务关系的相关性将此阶段的债务关系分成三类，探讨了其义务性质与给付利益的关系，并且明确了解除、损害赔偿等同义务违反的效果。[①]

2. 复合性合同

关于一种合同的消灭是否导致其他没有固有消灭原因的合同消灭的问题，修正债权法中没有做出明确规定。作为合同法领域的重要课题之一，学界从比较法研究的角度对此问题展开了研究。足立祐一的《从复合性合同的关联层面讨论作为给付障碍的利用障碍》一文，试图从德国法中获得启示。渡边贵的《关于多个合同的密接关联性的考虑要素的考察》及《法国法上相互依存的合同论的新展开》分析了法国判例的最新情况，并对2016年民法典修正中新设立的第1186条规定进行了阐述。此外，中舍宽树的《多数当事人间的合同研究》，提出以"同意的意思"为中心来承认一个合同关系成立的理论构造。[②]

3. 合同的解除

债权法的修改中，对合同的解除制度，特别是民法第541条规定的解除的要件进行了大幅度修改。因此，如何解释新修改的解除制度是本年度研究的重点。北居功的《债权人归责事由的解除限制》从比较法的角度进行了研究。杉本好央的《民法第541条以下的解除与因"不得已事由"而解除》一文，以阐述民法第628条因"不得已事由"而解除的意义作为切入点，阐述了民法第541条之下的基本原理与具体内容。此外，关于解除的效果，野中贵弘的《原状恢复中

---

① 蓮田哲也『契約責任の時間的延長』（日本評論社、2020年）。

② 足立祐一「給付障害としての利用障害について：複合契約論との関連で」帝京法学33巻2号；渡邊貴「複数契約の密接関連性の考慮要素に関する考察」法政論究122号；中舎寛樹『多数当事者間契約の研究』（日本評論社、2019年）。

对价合意的意义》一文，围绕当不能返还受领物时，买方所承担的价格偿还义务的内容、范围的问题，以德国法议论的展开为参考，进行了分析。[①]

4. 出卖人的瑕疵担保责任

出卖人的瑕疵担保责任是债权法修正中最重要的修改内容之一。相关学者参照德国法对新设的追完请求[②]制度（瑕疵补正请求制度）在法理上的解释展开了议论。田中洋的《买卖合同中买受人的追完请求的基础与内容的确定》是以追完请求权为中心内容的基础研究。作者在细致分析德国法相关议论的前提下，对追完请求权的法律性质进行了探讨，以试图阐明日本法上追完请求权的规制。古谷贵之的《民法修正与买卖合同的不适合给付》一书，围绕合同不适合责任的意义、追完请求权的法律性质、出卖人的瑕疵补正利益等问题，介绍了德国法、EU物品买卖指令等欧盟法（EU法）的最新动态，并深入地考察了深受EU法影响的德国瑕疵担保责任制度，试图从中得到对日本法的研究的启发。[③]

5. 租赁、使用借贷

本年度在不动产租赁领域，关于"借地借家法"的研究成果颇丰。藤井俊二古稀纪念论文集《土地住宅的法理论与展开》收集了诸多相关论文。大野武的《住宅与借地制度》一书，以借地权存续期间届满时，土地所有权人与借地人利益的合理调整上定期借地权和正当事由存在问题为中心进行了考察。作者参照对英国法上长期不动产租赁制度的相关探讨，针对借地权存续期间届满时应如何进行恰当的法律处理，提出了既要关注租借人利益，也要考虑委托给哪一方更符合公共

---

① 北居功「債権者の責に帰すべき事由による解除制限」慶応法学44卷；杉本好央「民法541条以下の解除と『やむを得ない事由』による解除」法学雑誌66卷1・2号；野中貴弘「現状回復における対価合意の意義」日本法学85卷2号。

② 追完请求是指买卖合同中已交付的标的物的种类、品质、数量等与合同内容不符时，买受人可请求出卖人继续履行义务的权利。

③ 田中洋『売買における買主の追完請求権の基礎づけと内容確定』（商事法務、2019年）；古谷貴之『民法改正と売買における契約不適合給付』（法律出版社、2020年）。

利益的这种观点，且从中归纳了既应关注租借人的不动产再开发的利益，也应考虑公共利益的实现的特征。在此基础上，作者主张废除日本法上利益调整困难的一般定期借地权，构建在判断要件的考虑要素中增加土地有效利用的必要性和正当性的正当事由制度。①

森山浩江的《关于债权法修改中使用借贷的诺成化》一文，对使用借贷合同的诺成化问题进行了批判性探讨。在法制审议会上的讨论中，考虑到使用借贷合同作为交易的一环，将其从实践合同（又称要物合同）更改为诺成合同（又称不要物合同），森山浩江认为，基于特殊的事实类型进行诺成化的理由并不充分。在此基础上，关于第593条之2（借用物交给借用人前，出借人可以解除使用借贷合同，但是不限于基于书面的使用借贷合同）的规定能否成为要物性的代替规律，森山浩江认为，使用借贷合同的类型不同于赠与合同，应避免把该条所效仿的将书面要件最大程度放宽的赠与规则（民法第550条）直接适用于使用借贷合同。对于书面的解释，森山提案考虑到基于特别的人际关系间的使用借贷，应做严格解释。此外，森山浩江针对使用借贷的概念、性质、决定，以及规范适用规制等论点，提出了今后的研究方向。②

四、无因管理、不当得利、侵权行为的研究进展

（一）无因管理、不当得利

在无因管理方面，盐原真理子在《无因管理中"为他人管理意思"要件的意义（1）（2）》一文中，基于裁判实务中无因管理是否成立之争的实质是无因管理合同是否成立，在此种情形下可否适用无因管理法的问题意识，通过比较德国法的议论，分析了无因管

---

① 花房博文ら編『土地住宅の法理論と展開（藤井俊二古稀記念祝賀論文集）』（成文堂、2019年）；大野武『住宅と借地制度－契約終了時の利益調整』（敬文堂、2019年）。

② 森山浩江「債権法改正における使用貸借の諾成化をめぐって」法学雑誌66巻1・2号。

理的成立要件之一，即"为他人管理意思"的具体内容。①

在不当得利方面，村田大树在《侵害型不当得利的体系定位》一文中，基于侵害型不当得利返还请求权的本质机能不是纠正私人间不当得利的转移（不当得利的返还），而在于保护个人权利的基本认知，以及依据于一直以来被看作一个整体的侵害型不当得利中存在多种类型（① 赔偿请求权型；② 收益返还请求权型；③ 利用价值请求型），难以统一地把握分析，对维持"侵害型不当得利"的独立类型作为不当得利的类型之一的观点提出了异议。他从"侵害型不当得利解消论"的立场出发，对立法论、解释论提出了建议。②

（二）侵权行为

1．总论

桥本佳幸等编写的《民法Ⅴ无因管理·不当得利·不法行为（第2版）》一书中，由桥本佳幸执笔的侵权责任的成立要件部分，以日本传统学说的通说（违法性·有责性二元论·结果不法论）为基础，结合近期的议论动向（对过失的客观化与违法性要件的批评的增多，民法第709条中法益的"权利"和"法律上被保护的利益"的区分等）及比较法研究的成果，提出划分规划责任类型的构想，即：① 绝对权损害型与非绝对权损害型；② 直接损害型与间接损害型；③ 作为损害行为型与不作为损害行为型的各自区别与相互组合。然后，基于上述构想，同时，追求硬性的、逻辑清晰的理论判断体系，和构建能切实地应对各类被侵害权益的内容和各种加害行为的样态的柔性判断框架。"桥本说"被认为是现阶段学说理论的顶点。③

2．权利、利益损害

东京电力公司福岛第一核电厂的事故已过去10年，如今，日本

---

① 塩原真理子「事務管理における『他人のためにする意思』要件の意義（1）、（2）」東海法学56卷、57卷。
② 村田大樹「侵害利得の体系的位置づけ」中原太郎編著『現代独仏民事責任法の諸相』（商事法務、2020年）。
③ 橋本佳幸『民法Ⅴ事務管理·不当利得·不法行為（第2版）』（有斐閣、2020年）。

各地对该事故提起了损害赔偿诉讼，也有多个裁判所做出了相应的判断。相关学者围绕诉讼中有争议的部分，如对"作为包括性生活利益的平稳生活权（的丧失）"的意义和内容展开了讨论。若琳三奈的《神奈川·千叶·爱媛3判决的损害论》及《失去家乡损害的意义》，以最新的神奈川判决（东京地判平成31年2月20日）为对象，探讨了"维稳生活权"在法律上的意义。①

3．损害事实

城内明的《残疾人逸失利益算定方法的考察》一文，仅以被侵权人是残疾人而刻板（例如按照统一标准）计算其逸失利益的损害赔偿金额，是以被侵权人是残疾人为理由的不可被认可的歧视为着眼点，主张：① 应当具体掌握每个被侵权人的残疾情况及其就业能力；② 应当根据其就业、可获得收入的盖然性，运用更加积极的推算方法，计算其逸失利益。也就是说，应当采用与健全人逸失利益相同的计算方式来计算在被侵权人存在残疾的情况时的逸失利益，以消除不合理的损害赔偿数额与合理数额之间的差距。吉村良一的《残疾儿童死亡损害赔偿额的算定》一文，虽高度评价了城内的论文，但再次质疑了以预估被侵权人将来可能得到的收入来估算原本无法用金钱衡量的人身价值的损害赔偿的妥当性。他强调计算损害赔偿金额不过是在规范上评定的基础上，以健全人的"生命"价值和残疾人的"生命"价值平等为理由，尝试从根本上消除关于各自的算定数额与赔偿数额之间的差异。此外，比较法上的研究成果，有荻野奈绪的《法国民事责任法中损害减轻义务的动向》、齐藤哲志的《关于法国法中"不安的损害"》等。②

---

① 若林三奈「かなわが·千葉·愛媛3判決の損害論」判例時報2423号；若林三奈「ふるさと喪失損害の意義」吉村良一先生古稀記念『現代市民社会における法の役割』（日本評論社、2020年）。

② 城内明「障害者の逸失利益算定方法に係る一考察」末川民事法研究5；吉村良一「障害児死亡における損害賠償額の算定について」立命館法学387＝388号；荻野奈緒「フランス民事責任法における損害軽減義務をめぐる動向」；斉藤哲志「フランス法上のいわゆる『不安の損害』―携帯電話基地局訴訟とアスベスト訴訟を例として」中原太郎編著『現代独仏民事責任法の諸相』（商事法務、2020年）。

4．抚慰金、差止请求权

关于抚慰金的部分，住田守道的《我国抚慰金理论的轨迹与课题》一文，对于交通事故未致死的案例中受害人应领取的抚慰金问题，以日本学说上关于抚慰金的意义之议论为线索，指出既然支付抚慰金的目的仅在于赔偿损失，那么在确定抚慰金的金额时，应从整体上把握受害人在社会环境下实际所受到的各类利益侵害的情形后，将其反映到计算后的抚慰金金额中，试图打破在统一标准下僵硬地计算的实务现状。金山直树的《性行为与损害赔偿（1）（2）完》一文，主张因欠缺同意的性行为而受到侵害（法益权益的侵害及损害）的核心是对受害人人格、尊严的侵害，以及受害人由此受到的精神损害，在确定抚慰金的金额时，应从“制裁”的角度加以斟酌计算。为了防止受害人受到二次伤害，立足于抚慰金“双重结构”的设想，作者提议将抚慰金划分为两类：① 定额的、可简单快速地支付给受害人的部分；②（以受害人的意向为前提的）基于个别的、具体的事实而应支付的增额部分。[1]

关于差止请求权，学界主要从比较法研究的角度展开了探讨。例如，大泽逸平的《法国侵权责任法上现实赔偿的概念》，石尾智久的《法国法上违法行为的中止》，西里尔·布洛克（Cyril Bloch）著、大塚直与佐伯诚翻译的《作为民事责任自律机能的违法行为的差止》等。安塞尔（P. Ancel）著、中原太郎翻译的《从德国法角度看法国及比利时的民事责任法修改》一文，指出2017年公布的法国民事责任法修正案中，关于差止请求的条文深受Bloch学说的影响，而Bloch也参考了严格区分差止请求权和侵权行为损害赔偿请求权的德国法。因此，关于Bloch学说及其依据，受德国法和欧洲法影响的上述法案在法国的评价及存在的争论点、围绕该法案会展开怎样的议论等课题，期待今后有更加深入的研究。[2]

---

① 住田守道「我が国の慰謝料論の軌跡と課題」法学雑誌66巻1＝2号；金山直樹「性行為と損害賠償（1）（2）完」法学研究93巻2号、93巻3号。

② 大澤逸平「フランス不法行為法における現実賠償概念」専修ロージャーナル9号；石尾智久「フランス法における違法行為の停止」法政論究190号；Cyril Bloch/大塚直＝佐伯誠訳「民事責任の自律的機能としての違法の差止」環境法研究10号；パスカル・アルセル/中原太郎「ドイツ法の観点から見たフランスおよびベルギーの民事責任法改正」中原太郎編著『現代独仏民事責任法の諸相』（商事法務、2020年）。

五、家族法的研究进展

（一）家族法概论

二宫周平主编的《现代家族法讲座》系列丛书，以亲属编为中心，从历史解释、比较法研究等角度，整理、分析了各个制度的概要及存在的问题，并指出了修改方向，是家族法研究的一大力作。该系列丛书共计5卷，第1卷是《个人、国家与家族》；第2卷是《结婚与离婚》；第3卷是《亲子》；第4卷是《监护、扶养》；第5卷是《国际化与家族》。①

（二）亲子法制的修正

近年来，随着对亲子间的法律关系、收养关系、亲权制度之现状分析的增多，以及相关课题研究的深入，亲子法相关制度也在不断完善。2018年6月至2019年1月召开的法制审议会特别收养制度分会，针对特别收养制度进行了审议，于2019年6月7日成立《修改民法部分规定之法律（特别收养关系）》（令和元年法律第34号）。2019年7月设立的法制审议会亲子关系分会对婚生子女推定制度、惩戒权制度的修改进行了讨论。此外，2019年11月由法务省参与的家族法研究会成立，其目的在于重新探讨亲权的意义、未成年人收养制度的课题，并研究建立离婚后共同亲权制度的可行性。

根据近期亲子法修改的议论动向，《特辑：亲子法的现状和课题》从未成年人收养、亲子关系、为保障儿童利益的权利之实现角度，对亲子关系的本质及应如何构建亲子法制等问题进行了深入探讨。该特辑包括以下论文：铃木博人的《未成年人收养制度的课题》、山口敦士的《特别收养制度的修改》、矶谷文明的《特别收养制度的课题：以实务为中心》、石绵春美的《婚生推定·否认制度的再探讨》、小池泰的《关于生殖辅助医疗的课题》、久保野惠美子的《家庭裁判所对亲权人惩戒权的介入》、内野宗挥的《民事执行法等法律修正的概要：以子女交还请求为中心》、山田文的《子女交还请求的强制执行》、早川真一郎的《子女交还请求在实

---

① 二宫周平编集代表『現代家族法講座』（日本評論社、2020年）。

体法上的问题》、今津绫子的《给付抚养费的履行确保》。

此外，《特辑：离婚后子女抚养的课题和展望》对抚养费的履行、离婚前后的父母教育支援、面会交流的支援等制度进行了探讨。该特辑刊登了以下论文：藤田直人的《关于离婚后子女抚养方式的议论状况》、棚村政行的《解除不给付抚养费问题的课题和展望》、野上宏的《离婚前后对父母的支援——以子女利益为目的：抚养费、面会交流的新措施》、二宫周平的《子女与分居父母的关系及面会交流的支援》、Roots Maia的《德国面会交流支援的研究：以陪伴型支援为中心》、滨田真树的《从实务角度论离婚后子女抚养的方式》、小泉道子的《离婚案件中ADR的作用》、金子敬明的《未成年人收养制度的现状》、犬伏由子的《为了保障子女利益的财产分配制度》。[①]

1. 收养关系

新修改的特别收养制度自2020年4月1日起实施。山口敦士、仓重龙辅编写的《一问一答令和元年民法等修正：特别收养制度的重新评估》一书由立法者对修正法案的主旨及内容进行了解答。喜友名菜织的《关于特别收养关系中亲生父母的定位与收养同意的考察：以德国未成年人收养制度的实践为参考（1）（2）完》一文，通过整理德国收养法中关于补充父母同意制度的展开，2013年秘密出生法的内容以及实务中的争论点，指出儿童福利制度支援的重要性。[②]

2. 亲权、抚养费

如何构建离婚后父母双方共同抚养子女制度是近期学界讨论的重点和热点。山口亮子的《日美亲权法制比较研究》一书通过详细介绍美国共同亲权制度的法律理论构成，探讨了在日本建立共同亲权制度的方向性。梶村太市、长谷川京子、吉田容子编写的《怎样守护离异家庭的子女："儿童利益"与"父母利益"》一书从社会

---

① 「親子法制をめぐる現状と課題」論究ジュリスト32号；「離婚後の子の養育をめぐる課題と展望」法律のひろば73巻9号。

② 山口敦士・倉重龍輔編著『一問一答 令和元年民法等改正：特別養子制度の見直し』（商事法務、2020年）；喜友名菜織「特別養子縁組における実親の位置づけと縁組同意に関する考察（1）（2）完：ドイツ未成年養子制度の運用を手掛かりに」早稲田法学95巻1号、2号。

学、临床心理学、宪法学、裁判实务等角度进行探讨，指出当存在家庭暴力、父母关系紧张、双方矛盾尖锐等问题时，在缺乏完善的社会支援制度的保障下，实行共同亲权会侵害儿童的利益，因而对引入共同亲权制度持消极意见。久保野惠美的《亲权人是多人时的权限之行使》介绍了英国法的相关议论。①

2020年1月，由法务大臣直属的抚养费学习会召开，同年6月，法务省设立解除不给付抚养费问题的研讨会议，讨论抚养费制度改革及立法的方向性。《座谈会：抚养费与给付保障》特辑对日本抚养费咨询支援中心的运行情况、家庭裁判所审理的抚养费纠纷案件情况进行了介绍，探讨了构建抚养费强制执行及支援制度的方向性。森山浩江的《关于离婚后给付抚养费合意的性质》一文探讨了抚养费协议的性质问题。②

3. 亲子关系

关于亲子关系，柳迫周平的《法国亲子关系中关于"意思的要素"的构成分析（1）（2）完》一文，探讨了法国亲子法上确认存在法律上的亲子关系时"意思的要素"的具体内容，以及其在亲子关系确认的诉讼中的作用。③

（三）成年监护、性别变更

1. 成年监护

《家族财产管理制度及其代替制度》收录了比较法学会研讨会的相关论文。该论文集围绕欠缺财产管理能力人的支援制度的构建问题，与德国、法国、美国、韩国、中国等国的相关制度进行了比较研究。此外，相关的比较法研究文献还有石绵春美的《家族财产

---

① 山口亮子『日米親権法の比較研究』（日本加除出版社、2020年）；梶村太市・長谷川京子・吉田容子編著『離婚後の子どもをどう守るか：「子どもの利益」と「親の利益」』（日本評論社、2020年）；久保野惠美「親権者が数人ある場合の権限の行使について」法学83巻4号。

② 「養育費と履行確保」家庭の法と裁判28号；森山浩江「離婚後の養育費支払合意の性質について、ひとつの覚書」佐賀大学経済論集52巻4号。

③ 柳迫周平「フランス実親子法における『意思的要素』とされる者に関する構造的分析（1）（2）完」民商法雑誌156巻3号、156巻4号。

管理：法国成年监护、夫妻财产制、家族权限付与》、吉永一行的《2019年德国监护法的修改》。山口诗帆的《从"成年监护制度"向"意思决定支援制度"发展中代替决定的定位》一文，介绍了阿根廷成年监护制度的发展。①

2．性别变更

藤户敬贵的《日本及各国法上关于法律上性别变更的制度》一文，总结了日本及其他国家关于变更法律上性别的要件和相关程序的规定，指出在各国删除"非婚要件"和"不能生育要件"的趋势下，日本特例法的要件过于严格。渡边泰彦的《同性父母与子女：德国、奥地利、瑞典的状况（6）》指出，各国对同性夫妻收养子女的问题持慎重的态度。②

（四）继承法修正

1．继承法总论

自2019年7月1日民法（继承法）修正案实施以来，学者相继发表了解读性的书籍、专刊、特辑等。例如，条文评注系列有潮见佳男编写的《新注释民法（19）：继承（1）882～959条》、久贵忠彦主编的《遗言与遗留份③·第1卷遗言（第3版）》等。大村敦志主编的《继承法制的比较研究》一书整理了在修改继承法的准备阶段对德国、法国、英格兰、美国、韩国等国进行的比较法研究成果。④

---

① 「家族による財産管理とその制度的代替」比較法研究81号；石綿はる美「家族による財産管理：フランスの後見・夫婦財産制・家族権限付与」法学83巻4号；吉永一行「2019年ドイツ世話法改正」法学83巻4号；山口詩帆「『成年後見制度』から『意思決定支援制度』への転換に向けた代行決定の位置づけ」法政論究125巻。

② 藤戸敬貴「法的性別変更に関する日本及び諸外国の法制度」レファレンス70巻3号；渡邊泰彦「同性の両親と子：ドイツ、オーストリア、スイスの状況（6）」産業法学53巻3・4号。

③ 遗留份是指为了保障继承人今后的生活、确保遗产的潜在持有份额的清算，对遗嘱人自由处分财产的权利加以部分限制，以保障一定范围的继承人（配偶、直系卑亲属、直系尊亲属）分得最低限度遗产的权利。

④ 潮見佳男編集『新注釈民法（19）：相続（1）882条~959条』（有斐閣、2019年）；久貴忠彦『遺言と遺留分・第1巻遺言（第3版）』（日本評論社、2020年）；大村敦志監修『相続法制の比較研究』（商事法務、2020年）。

　　Jurist杂志连载的特辑《继承法与实务》刊登了本系列最终篇《座谈会：继承法与实务（12）完 今后的继承法：继承法修正的意义与将来的课题》。《法的支配》杂志刊登了《特辑：民法（继承法）的修正与实务》。该特辑收录了以下论文：立法者（大村敦志等）参加的座谈会《继承法的修改与实务的现状》、浅田隆的《继承法修正与银行交易》、半田直人的《继承法修正中展现的家庭裁判所的实践及作用》、加藤祐司的《继承法修正与律师实务：以遗留份为视角》。民商法杂志特辑《继承法修正与继承法制度的发展（3）》刊登了床谷文雄的《遗留份制度的发展》一文。床谷通过介绍相关的立法议论，探讨了遗留份金钱债权化的问题。①

　　2．共同继承与对抗要件

　　关于新增加的民法第899条之2，学界从物权法的角度展开了深入的探讨。七户克彦的《关于民法第899条之2（1）》整理了星野英一、镰田薫等学者关于共有与合有、对抗要件论等物权法上的议论，对本条不限于特定财产继承遗嘱和继承份指定遗嘱的立法内容进行了评价及批判。水津太郎在《继承的权利与义务的承继：民法第899条之2与民法第902条之2》一文中，在区分因法定继承而取得的权利和因遗嘱而取得的权利的大前提下，指出继承份指定和特定财产继承遗嘱属于因法定继承而取得的权利。②

　　3．遗留份、遗嘱

　　西希代子的《日本遗留份法的诞生：继受法的摆脱》一文概览了基于日耳曼型和罗马型继受法谱系的分析到将"价值返还"原则化的2006年法国修正法的形成过程，并对修改后的日本遗留份制度进行了评价。青竹美佳的《2015年奥地利继承法修正后的遗留份制度的特征》一文介绍了奥地利法的最新修正动向。③

―――――――――――

　　①「座談会/相続と法実務（12）完　これからの相続法：相続法改正の意義と将来の課題」ジュリスト1542号；「民法（相続法）の改正と実務」法の支配198号；床谷文雄「遺留分制度の転換」民商法雑誌156巻1号。
　　②七戸克彦「民法899条の2をめぐって（1）」法政研究87巻1号；水津太郎「相続による権利及び義務の承継：899条の2と909条の2について」法律時報92巻4号。
　　③　西希代子「日本遺留分法の誕生：継受法からの脱却」法曹時報72巻1号；青竹美佳「2015年オーストリア相続法改正後の遺留分制度の特徴」阪大法学69巻3・4号。

　　东京地方裁判所平成30年9月12日判决是首个对信托与遗留份的抗衡问题作出判断的判例。针对本判例涉及的遗留份被侵害的部分违反民法第90条（公序良俗）的判断，冲野真已在《信托与遗留份：以东京地裁平成30年9月20日判决为契机》一文中，通过整理过往的议论，尝试对站在"受益权说"立场的本判例进行定位。溜箭将之的《信托与遗留份的抗衡应如何解决：英美法研究者的思考经验》一文，从英美法的思考模式角度对信托与遗留份的抗衡问题展开了议论。①

　　幡野弘树的《关于法国非财产权中遗嘱执行人的作用：以送葬自由、著作者人格权为素材》一文介绍了法国遗嘱执行人制度的概要，比较了日本法及法国法中遗嘱执行制度的实际运用，探讨了涉及非财产权利遗嘱的意义及遗嘱执行人的作用。此外，本年度学界关于遗嘱与错误、遗嘱能力等问题的研究较多。其中，中村崇的《遗嘱的错误：以德国民法为线索的考察》一文，概览了德国民法中遗嘱的错误制度的形成过程，以期为日本法带来启示。岩本尚禧的《遗嘱能力的"一时恢复"》一文，整理了民法第973条的相关判例及立法理由，并从医学角度分析了裁判实务中存在的问题。中原太郎的《法国根据遗嘱继承财产中公证人的作用》一文，详细介绍了公证人在法国遗嘱公证、遗嘱的保管、确认继承人及财产等程序中的决定性作用。②

---

①　沖野眞已「信託法と遺留分：東京地裁平成30年9月20日判決を契機として」『比較民法学の将来像』（勁草書房、2020年）；溜箭将之「信託と遺留分の相克は解けないか：英米法研究者の思考実験」立教法学101号。

②　幡野弘樹「フランスにおける非財産的権利に関する遺言執行者の役割：葬送の自由・著作者人格権を素材として」立教法学101号；中村崇「遺言の錯誤：ドイツ民法を手掛かりにした考察」横浜法学28巻3号；岩本尚禧「遺言能力の『一時回復』」商学討究71巻1号；中原太郎「フランスにおける遺言による財産承継の局面での公証人の役割」法学83巻4号。